いろいろな伴奏形による

こどものうた85

1学期編

飯泉祐美子
石橋裕子 編著

KYODO-MUSIC

この本を手に取ってくださったみなさまへ

　この「いろいろな伴奏形によるこどものうた85 ～やさしい伴奏から素敵な伴奏まで～」は、保育者養成課程や初等教員養成課程の音楽のテキストとして、また、卒業後の現場でも活用し続けることのできる楽譜集として、幅広い方々のニーズに応えたいと考えて企画しました。本シリーズの特徴4点をご紹介します。

1．ひとつの曲に対し複数の伴奏アレンジを掲載
　さまざまなニーズにこたえるため、伴奏アレンジを複数掲載しました。アレンジの種類は次の通りです。
　Ａ　1本指伴奏
　　ピアノを始めたばかりの入門者に適しています。右手がメロディーパート、左手が伴奏パートとなっていますが、左手の動きが大変少ないアレンジです。
　Ｂ　やさしい伴奏
　　一般的に簡易伴奏とよばれるものです。初級以上のレベルに適しています。Ａと同じく右手がメロディーパート、左手が伴奏パートとなっていますが、Ａのアレンジよりも左手に動きがあります。
　Ｃ　メロディーのない両手伴奏
　　左右両方のパートで伴奏パートを作り上げていきます。メロディーはありませんが、その分ハーモニー（音の響き）に厚みがあり、音楽の高揚感が得られます。弾き歌いや毎日の歌唱活動だけではなく、発表会などでの歌唱・合奏の伴奏にも使えます。メロディーがない伴奏での弾き歌いは少し難しく感じるかもしれませんが、弾きながら歌うことに少し慣れてきたら、ぜひチャレンジしたい伴奏です。
　Ｄ　素敵な伴奏
　　子どもたちの歌声に素敵な演出ができます。中級レベルになったらぜひチャレンジして、サウンドの心地よさを体感しましょう。また、子どもたちにとっても、そのような経験ができるとよいでしょう。
　Ｅ　長く歌いつがれている伴奏
　　よく耳にする伴奏です。初級者でも演奏できるものがたくさんありますので、ぜひチャレンジしましょう。

2．譜めくりがいらない楽譜の構成
　本シリーズでは、ページをめくらなくてもすむように、必要に応じて観音開きで楽譜を掲載しています。

3．コラムの充実
　本シリーズで自学自習を進めていけるように、ピアノの奏法、音楽的な理論をはじめ、現場で役に立つ知識をコラムとして掲載しています。

4．月別・学期別構成
　1学期編、2学期編、3学期編の3巻構成で、それぞれの巻には、うたう曲を月ごとに掲載しています。その他に、1学期編には「動物の歌」、2学期編には「みんなでうたおう」、3学期編には「生活のうた」「楽しく歌おう」をそれぞれ掲載しました。

　保育者や初等教育者を目指すみなさんの奏でる音楽によって、子どもたちのうきうきわくわくする瞬間がはじまります。子どもたちの豊かな感性を育むときであることを願ってやみません。
　最後になりましたが本書の出版にあたり、共同音楽出版社の豊田治男社長はじめ、スタッフの皆様には大変お世話になりました。感謝申し上げます。

2017年3月

編者　飯泉祐美子

目　　次

				A	B	C	D	E
4 月	1	**せんせいとおともだち**	吉岡　治 / 越部信義	6	6	7	-	-
	2	**ことりのうた**	与田凖一 / 芥川也寸志	8	-	9	10	11
	3	**シャボン玉**	野口雨情 / 中山晋平	12	13	14	-	15
	4	**めだかのがっこう**	茶木　滋 / 中田喜直	16	17	18	-	19
5 月	5	**おかあさん**	田中ナナ / 中田喜直	22	-	23	24	-
	6	**こいのぼり**	近藤宮子 / 作曲者不詳	25	26	27	-	-
	7	**バスごっこ**	香山美子 / 湯山　昭	28	29	30	-	-
6 月	8	**大きな古時計**	保富庚午 / ワーク	32	-	34	-	-
	9	**かたつむり**	文部省唱歌	36	37	38	-	-
	10	**おとうさん**	古田花子 / 原　賢一	39	40	-	41	-
	11	**とけいのうた**	筒井敬介 / 村上太朗	42	43	44	-	-
	12	**あめふりくまのこ**	鶴見正夫 / 湯山　昭	46	-	48	50	52
7 月	13	**う　み**	林　柳波 / 井上武士	56	-	57	-	58
	14	**おばけなんてないさ**	槇みのり / 峯　陽	60	61	62	-	-
	15	**たなばたさま**	権藤はなよ / 林　柳波 / 下総皖一	64	-	65	66	-
	16	**おはながわらった**	保富庚午 / 湯山　昭	68	69	70	-	72

				A	B	C	D	E
8月	17	**アイアイ**	相田裕美 / 宇野誠一郎	76	77	78	-	-
	18	**おもちゃのチャチャチャ**	野坂昭如 / 吉岡 治 / 越部信義	80	-	82	-	-
	19	**とんでったバナナ**	片岡 輝 / 櫻井 順	84	86	88	-	-
動物の歌	1	**ぞうさん**	まど・みちお / 團伊玖磨	92	-	93	94	-
	2	**ありさんのおはなし**	都築益世 / 渡辺 茂	95	-	96	-	98
	3	**山のワルツ**	香山美子 / 湯山 昭	100	101	102	-	-
	4	**森のくまさん**	馬場祥弘 / アメリカ民謡	104	105	106	-	108
	5	**犬のおまわりさん**	佐藤義美 / 大中 恩	110	111	112	114	-
	6	**おつかいありさん**	関根栄一 / 團伊玖磨	116	117	118	-	119
自分で伴奏を付けてみよう	1	**ちょうちょう**	野村秋足 / スペイン民謡	122				
	2	**かえるのがっしょう**	岡本敏明 / ドイツ民謡	122				
	3	**チューリップ**	近藤宮子 / 井上武士	123				
	4	**ぶんぶんぶん**	村野四郎 / ボヘミア曲	123				

〈コラム1〉	ピアノを弾く理想的な姿勢とは	20
〈コラム2〉	**4月から8月にはどんなことがある？**	45
〈コラム3〉	ピアノによる弾き歌いの練習	54
〈コラム4〉	**音楽的な理論 ①　コード1（音名・音程・三和音）**	59
〈コラム5〉	**音楽的な理論 ①　付点音符と3連符**	63
〈コラム6〉	**音楽的な理論 ①　コード2（コードネームの書き方・2度と3度）**	74
〈コラム7〉	**音楽的な理論 ①　コード3（三和音のコードネーム・属七の和音）**	90
〈コラム8〉	**音楽的な理論 ①　コード4（コードのつなげ方・オンコード・主な調のカデンツ）**	120

表紙デザイン：有限会社 ねころのーむ

コラム一覧表

1学期編	2学期編	3学期編
〈コラム1〉 　ピアノを弾く理想的な姿勢とは	〈コラム1〉 　9月から12月にはどんなことがある？	〈コラム1〉 　1月から3月にはどんなことがある？
〈コラム2〉 　4月から8月にはどんなことがある？	〈コラム2〉 　弾き歌いをバージョンアップしましょう	〈コラム2〉 　伴奏付け
〈コラム3〉 　ピアノによる弾き歌いの練習	〈コラム3〉 　Cメロディーのない両手伴奏を 　　　　　　　　使った取り組み例	〈コラム3〉 　奏法について ②（ペダリング）
〈コラム4〉 　音楽的な理論 ①　コード1 　（音名・音程・三和音）	〈コラム4〉 　さんはい、先うたいのタイミング	〈コラム4〉 　伴奏がない歌（アカペラ）
〈コラム5〉 　音楽的な理論 ①　付点音符と3連符	〈コラム5〉 　なぜ暗譜するの？ 　　座って歌うときの発声	〈コラム5〉 　移調奏 ①
〈コラム6〉 　音楽的な理論 ①　コード2 　（コードネームの書き方・2度と3度）	〈コラム6〉 　音楽的な理論 ② 　　強弱記号・スラー・タイ	〈コラム6〉 　移調奏 ②
〈コラム7〉 　音楽的な理論 ①　コード3 　（三和音のコードネーム・属七の和音）	〈コラム7〉 　奏法について ① 　　トレモロ・グリッサンド・アルペジオ	〈コラム7〉 　移調奏 ③
〈コラム8〉 　音楽的な理論 ①　コード4 　（コードのつなげ方・オンコード・ 　　　　　主な調のカデンツ）	〈コラム8〉 　キーボード購入について	〈コラム8〉 　0歳から就学前の音楽的な発達
	〈コラム9〉 　音楽的な理論 ②　拍子について	〈コラム9〉 　おはなしとの音や音楽の 　　　　コラボレーション
	〈コラム10〉 　奏法について ①　装飾記号・装飾音	〈コラム10〉 　ピアニストはアスリート
	〈コラム11〉 　「著作権」を知っていますか？	〈コラム11〉 　音楽的な理論 ③　楽語

本シリーズで取り上げたコラム概要です。自学自習、豆知識としてお役立てください。

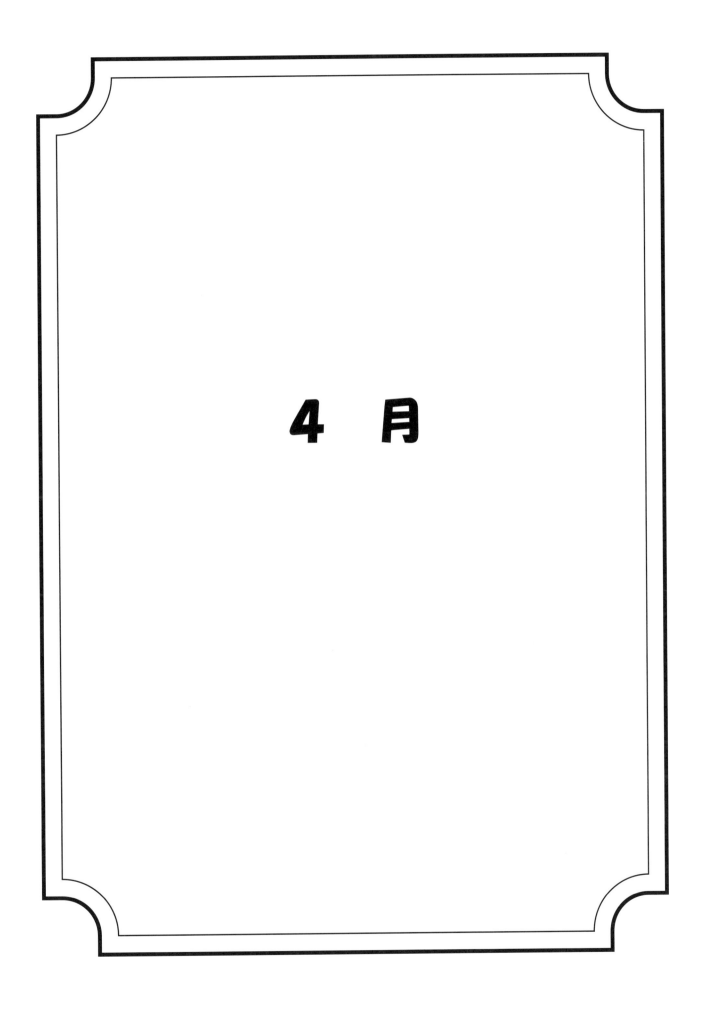

4 月

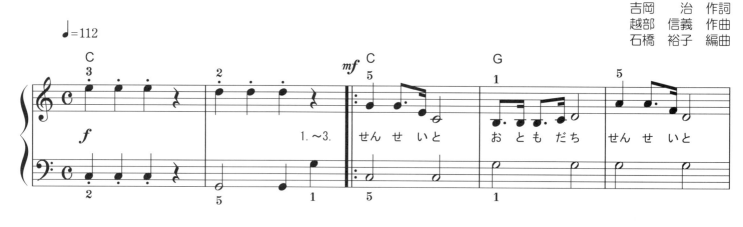
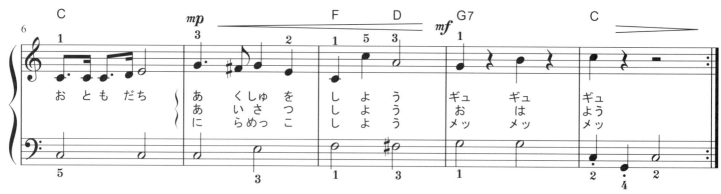

1. せんせいとおともだち

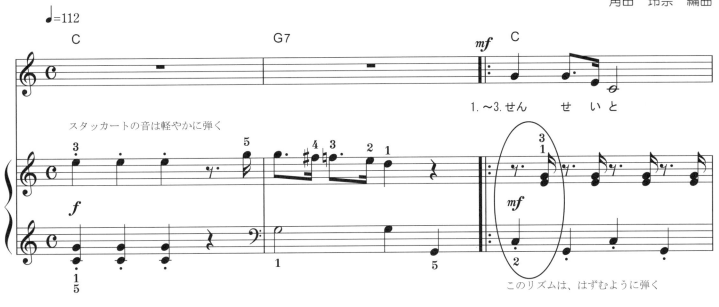

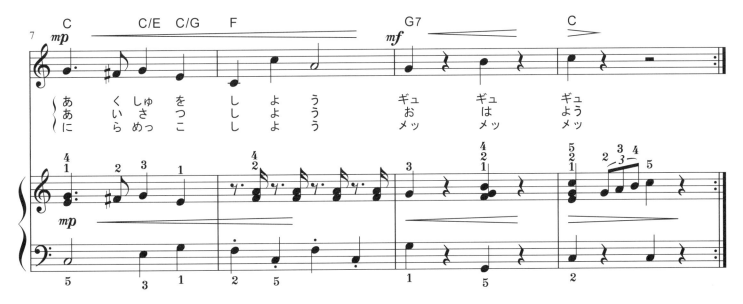

2. ことりのうた

与田　凖一　作詞
芥川也寸志　作曲
石橋　裕子　編曲

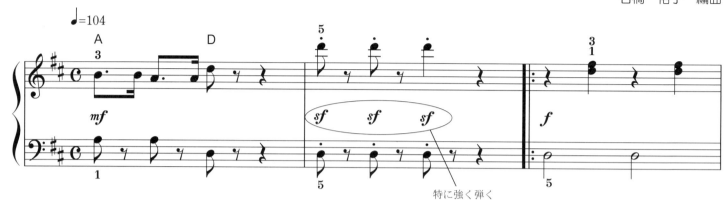

特に強く弾く

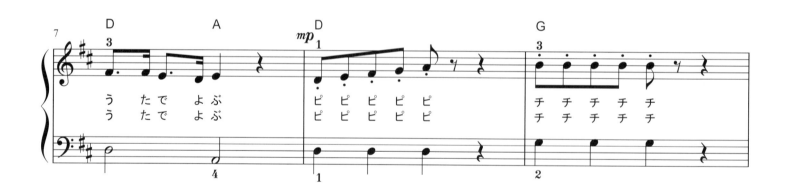

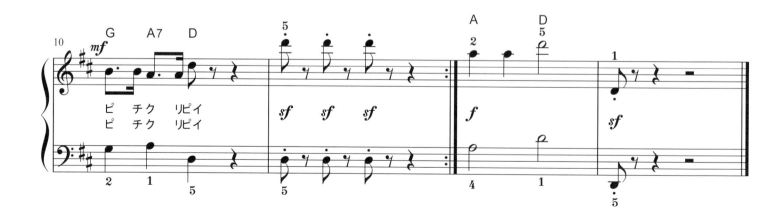

2. ことりのうた

3. シャボン玉

野口 雨情 作詞
中山 晋平 作曲
石橋 裕子 編曲

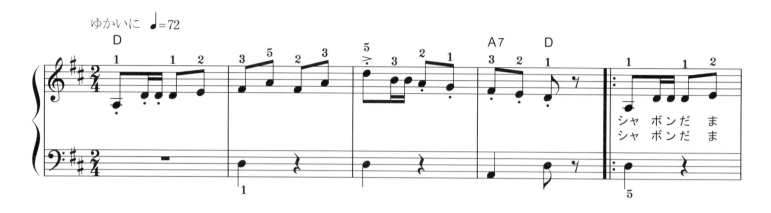

3. シャボン玉

野口　雨情　作詞
中山　晋平　作曲
須田三枝子　編曲

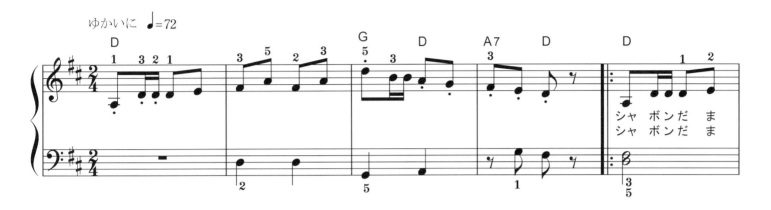

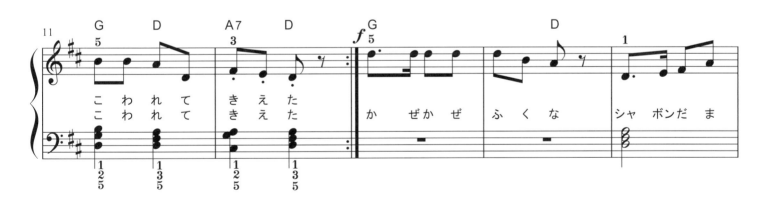
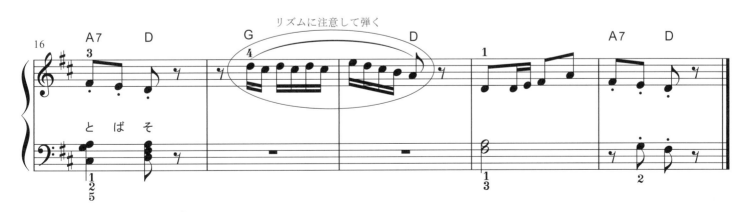

3. シャボン玉

野口 雨情 作詞
中山 晋平 作曲

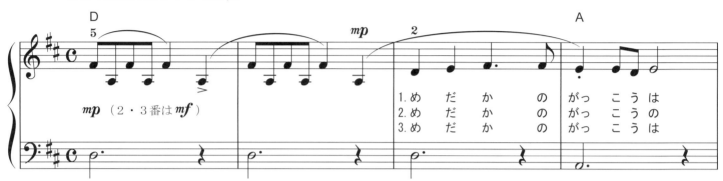

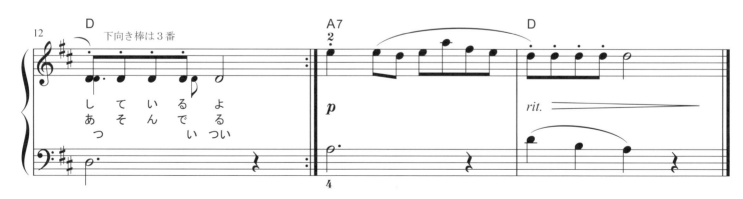

4. めだかのがっこう

茶木　滋　作詞
中田　喜直　作曲
須田三枝子　編曲

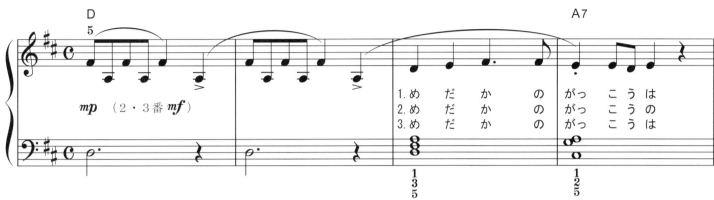

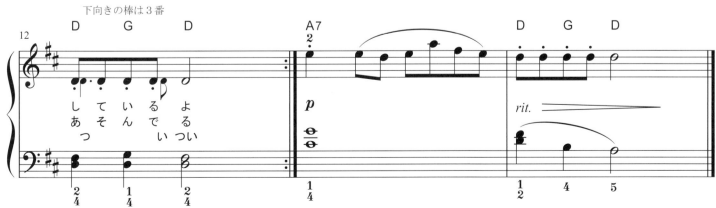

4. めだかのがっこう

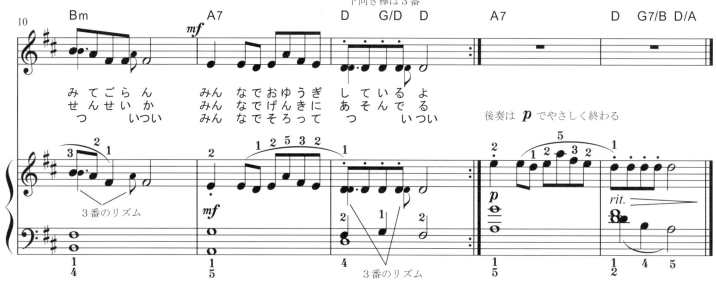

4. めだかのがっこう

茶木　滋　作詞
中田　喜直　作曲

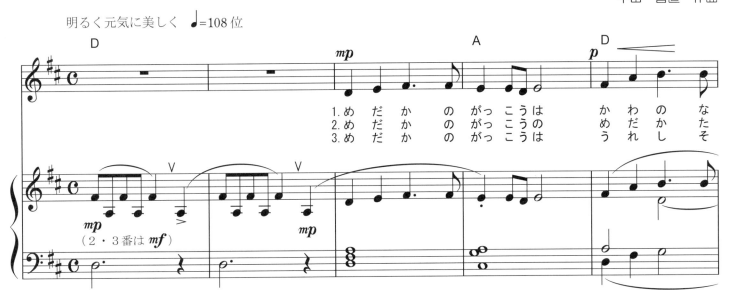

〈コラム１〉

ピアノを弾く理想的な姿勢とは

　ピアノの演奏の技術向上には、常に理想的な姿勢であることが必要です。悪い姿勢での演奏は知らず知らずのうちに、手のみならず身体全体に負担をかけてしまいます。理想的な姿勢でピアノを弾くことは、ピアノを弾きやすくすることにもつながります。

1．身体の位置・椅子の位置・椅子の高さ

① 椅子は、鍵盤の中央部（メーカーのロゴなどが示されていることが多い）に平行に置きます。
② 椅子に座り、横から見たときに、上肢（腕・ひじ・手）が身体より全体的に前に位置するよう鍵盤上に手を置きます。また、上肢が鍵盤上で左右自在に動かせるかもあわせて確認します。
③ 身体の位置をイメージしながら、腰掛ける部分がピアノ側の半分から〜1/3となるよう、椅子の位置を調整します。
④ 上記②③の身体の位置、椅子の位置を調整する時に腕がほぼ水平になる高さが、理想的な椅子の高さです。

　これらの条件を満たして身体の重心をやや前にすることにより、安定した姿勢で演奏ができます。

2．姿勢

　「1」で述べたとおり、ピアノを弾く時には、身体の重心をやや前方にします。背筋をまっすぐ伸ばし、上肢にかけて脱力を心がけます。背筋を丸めるとかえって力が入り、よい音で演奏できません。

　　肘‥‥肘の広がりすぎも閉まりすぎも上肢の動きを妨げます。ピアノの前に座ったら、肘がリラックスできているか確認します。特にカエルのように肘に力を入れて外側に出すことは、手の自在な動きを止めてしまうので、留意しましょう。

　　指‥‥手を脱力すると指は自然と丸い形になります。この丸い形を保ちながらも指先は内側に入れず、しっかりと立たせます。つまり、「指先はしっかり、手首、腕、肩は脱力（らくらく）」することが大切です。

理想的な指のフォーム

3．指づかい（指番号）

　指づかいは、ピアノが早期に弾けるようになるための大切な手がかりです。手の大小などの理由でやむを得ないこともありますが、基本的には指づかいにしたがった指で弾くことが、上達への近道となります。

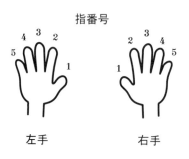

（飯泉祐美子）

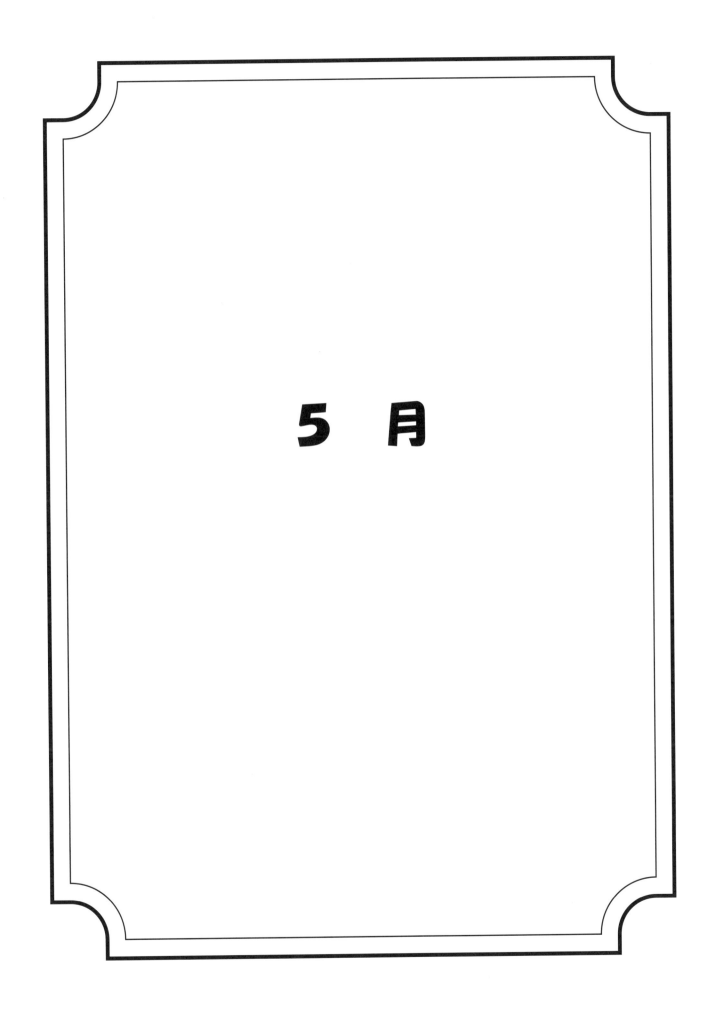

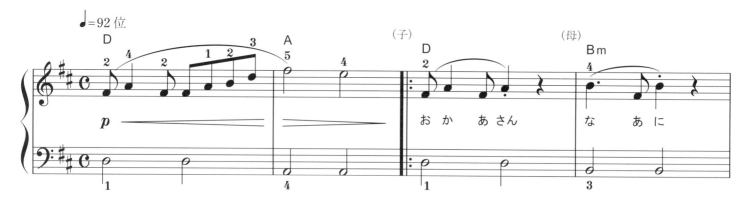
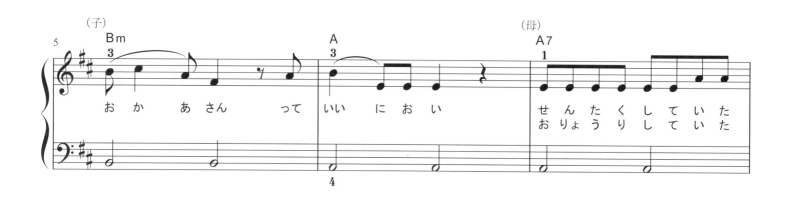

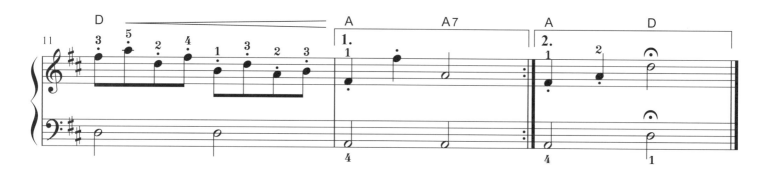

5. おかあさん

田中 ナナ 作詞
中田 喜直 作曲
角田 玲奈 編曲

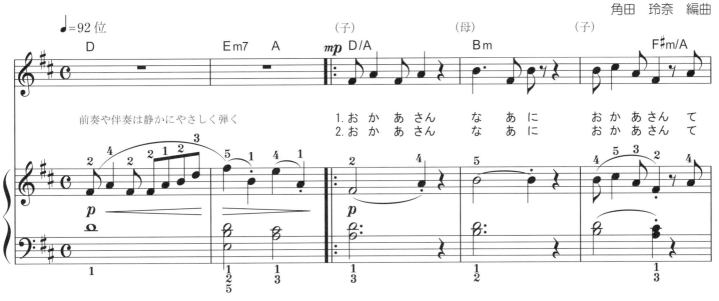
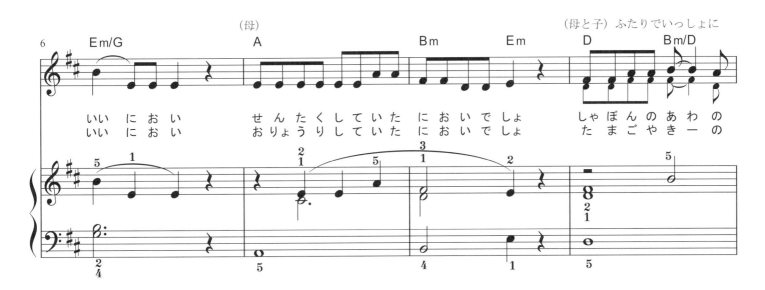
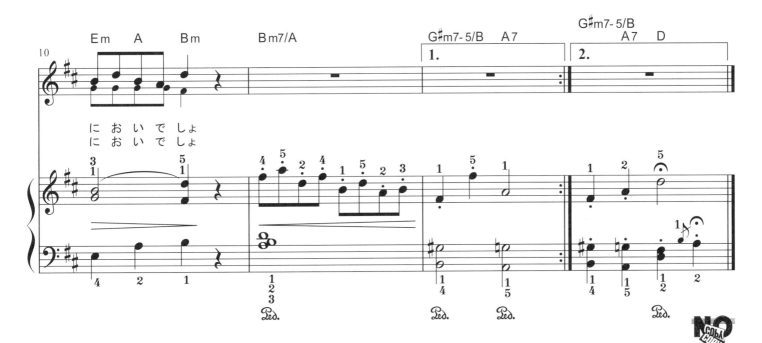

5. おかあさん

田中 ナナ 作詞
中田 喜直 作曲
望月たけ美 編曲

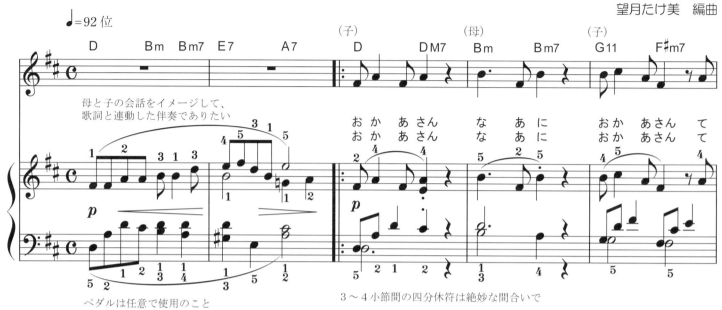
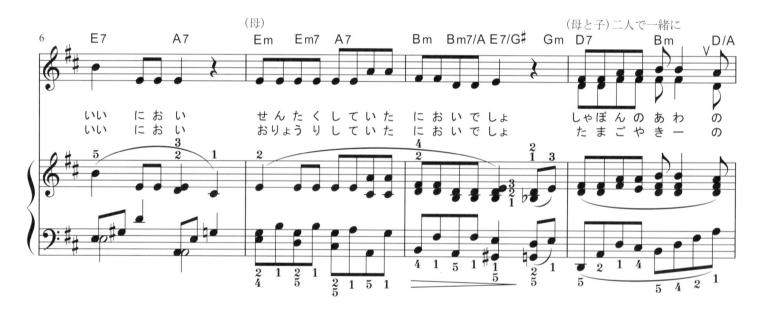
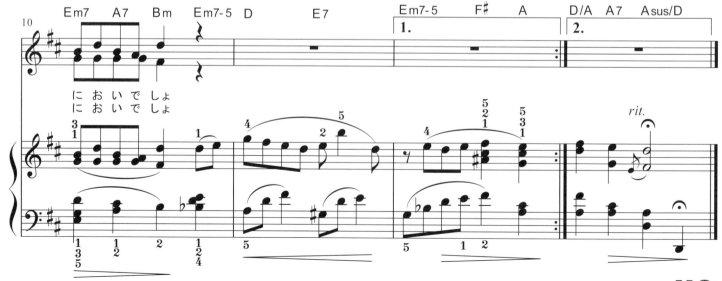

6. こいのぼり

近藤 宮子 作詞
作曲者不詳
石橋 裕子 編曲

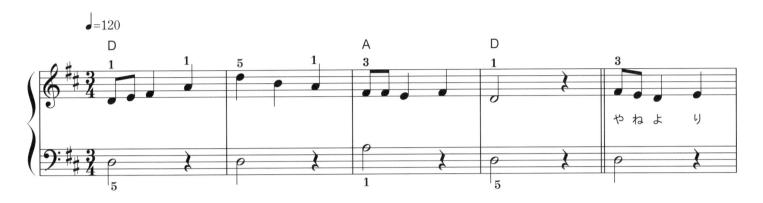
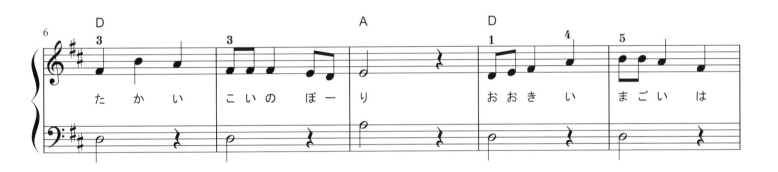
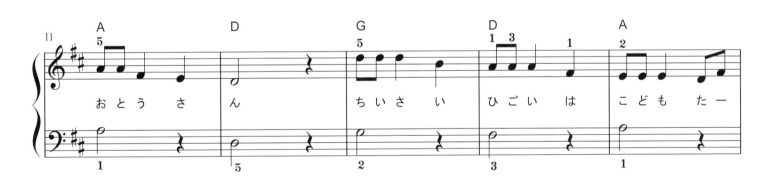
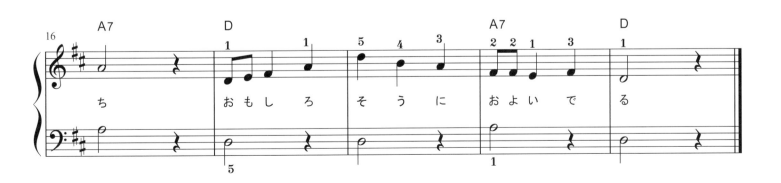

6. こいのぼり

近藤 宮子 作詞
作曲者不詳
須田三枝子 編曲

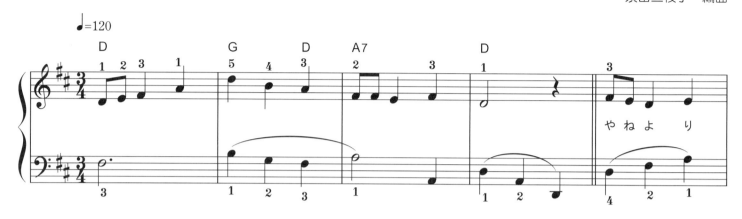
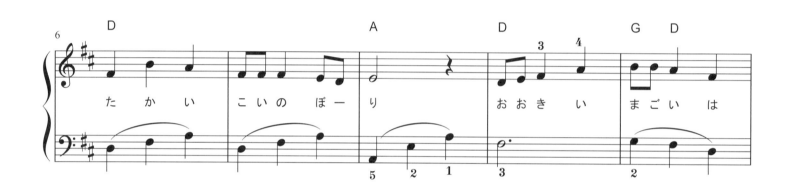
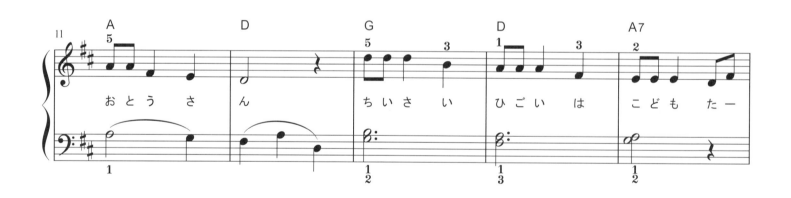
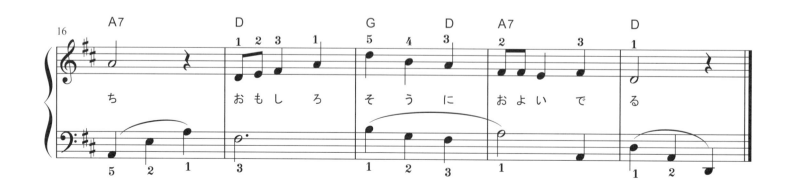

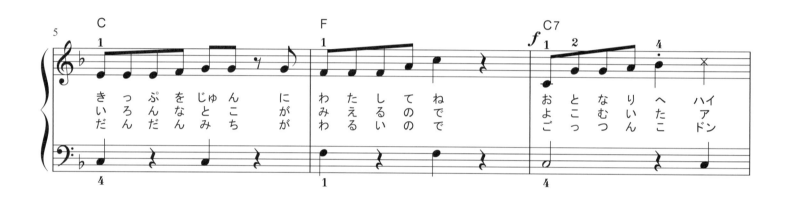
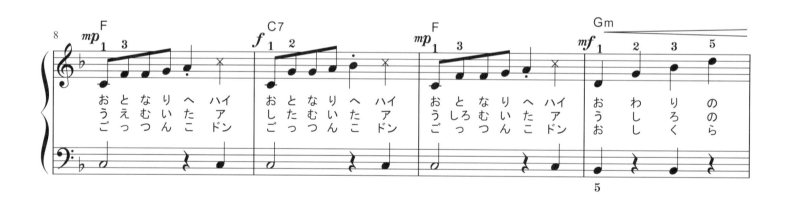
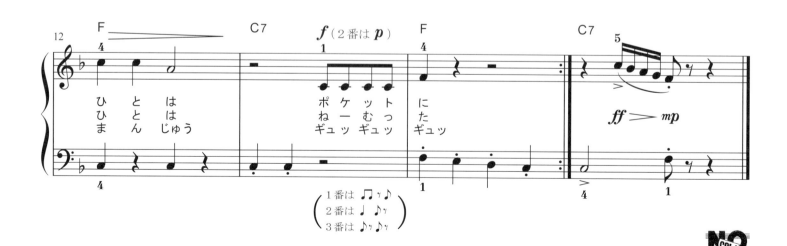

7. バスごっこ

香山　美子　作詞
湯山　昭　作曲
須田三枝子　編曲

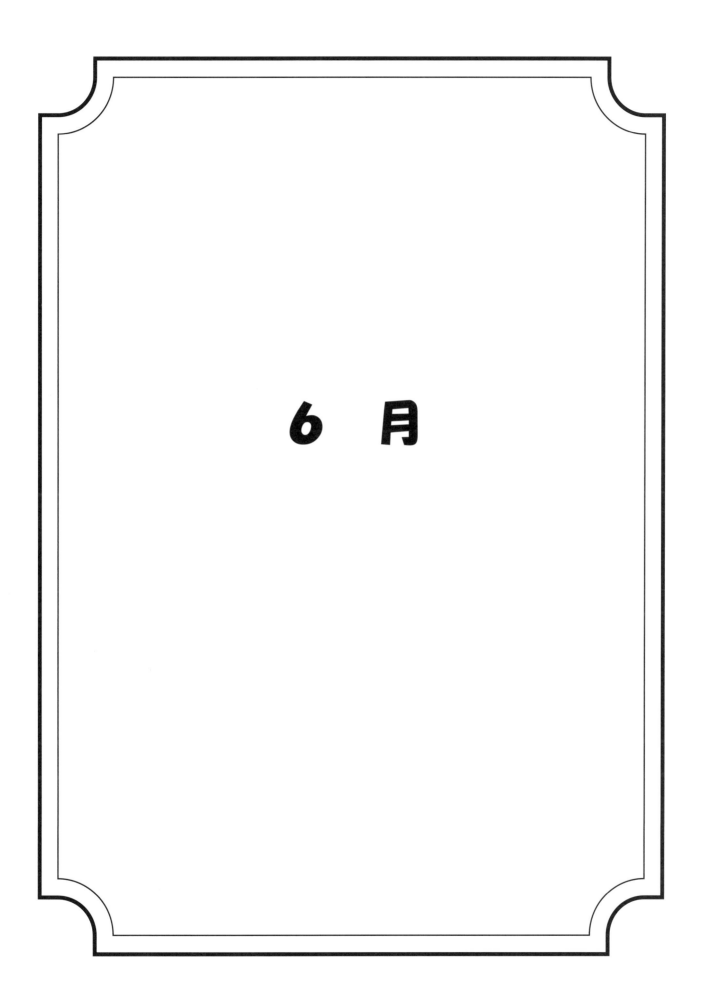

6 月

8. 大きな古時計

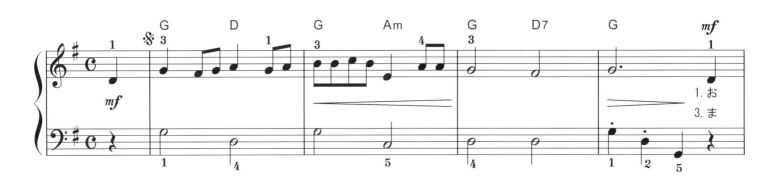

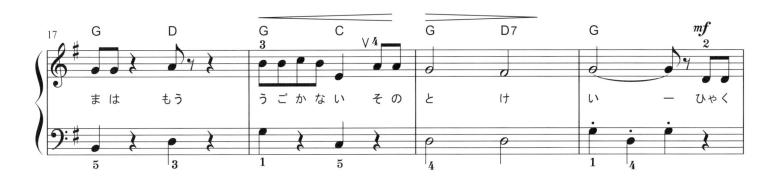

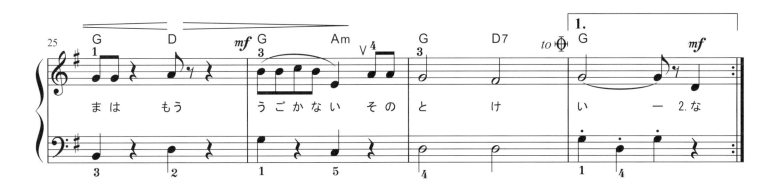
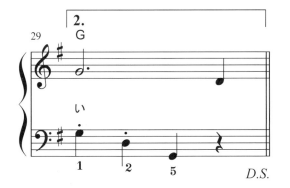
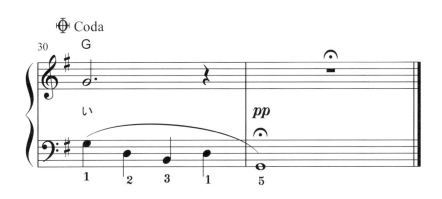

8. 大きな古時計

保富 庚午 訳詞
ワーク 作曲
望月たけ美 編曲

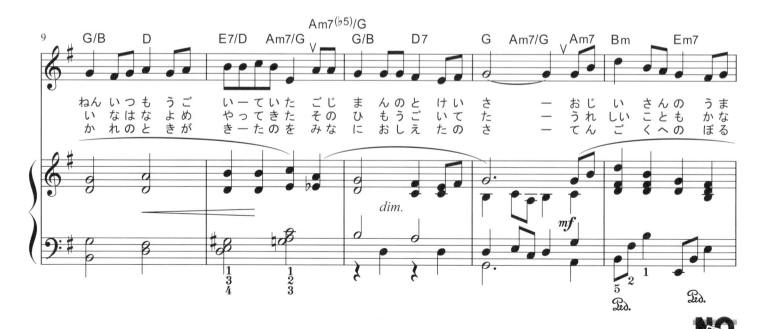

9. かたつむり

文部省唱歌
石橋 裕子 編曲

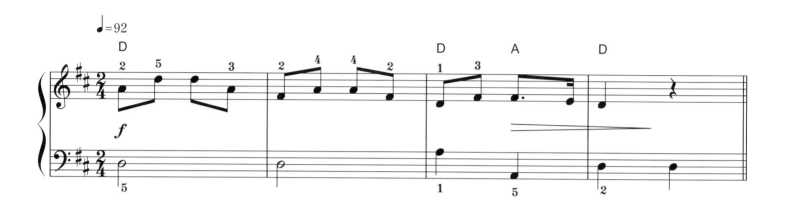

9. かたつむり

文部省唱歌
須田三枝子 編曲

10. おとうさん

古田 花子 作詞
原 賢一 作曲
飯泉祐美子 編曲

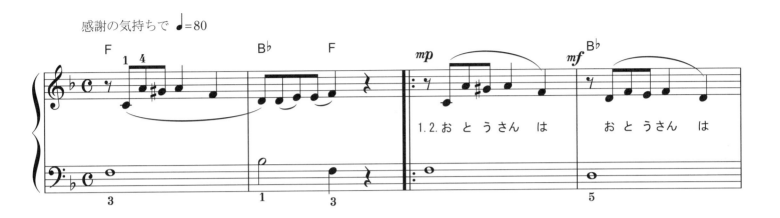

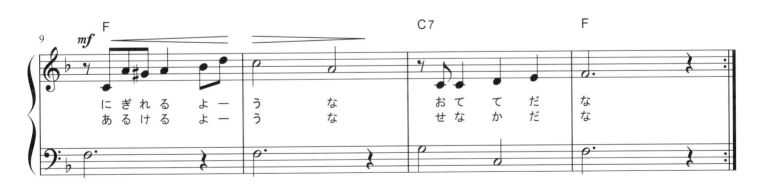

10. おとうさん

10. おとうさん

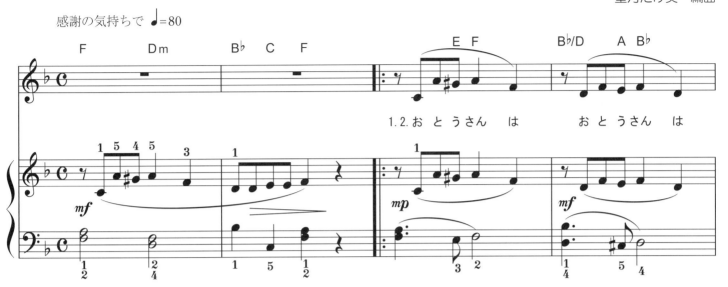
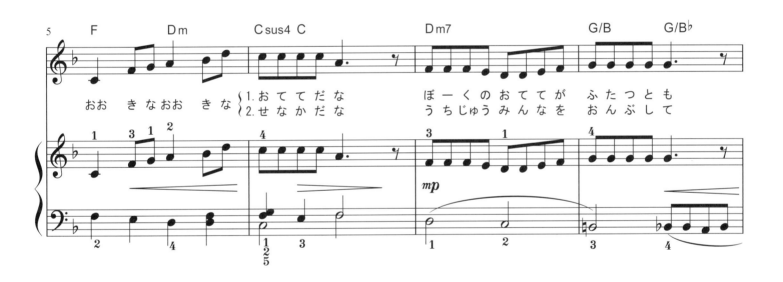
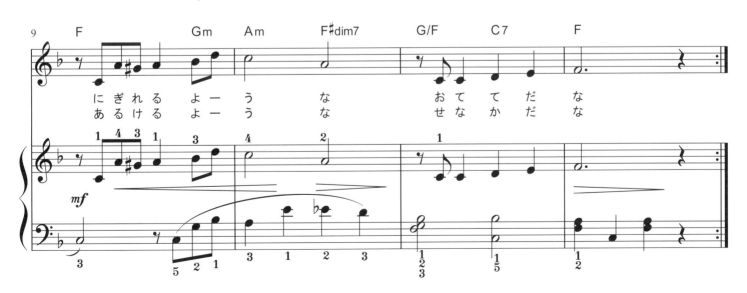

11. とけいのうた

筒井　敬介　作詞
村上　太朗　作曲
飯泉祐美子　編曲

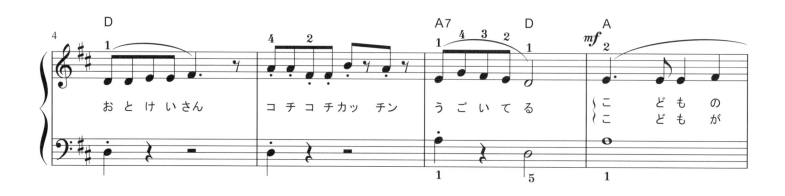
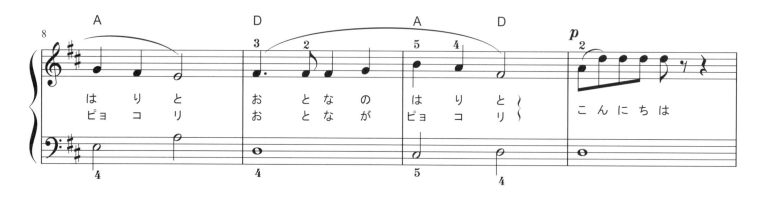
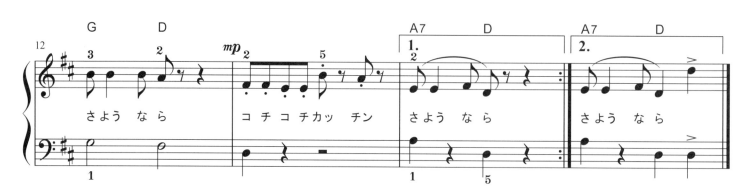

11. とけいのうた

筒井　敬介　作詞
村上　太朗　作曲
須田三枝子　編曲

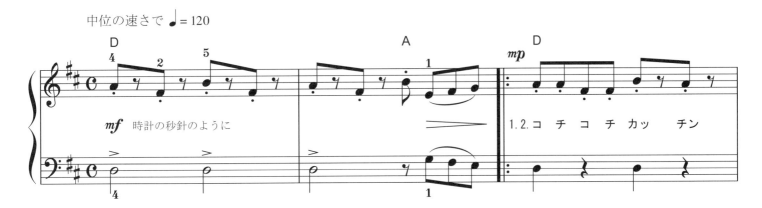

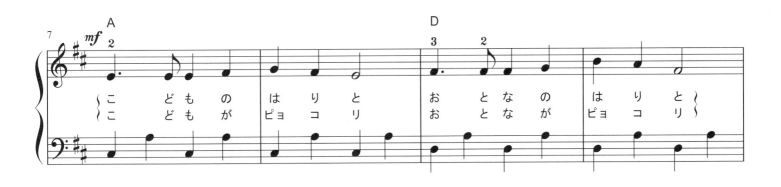
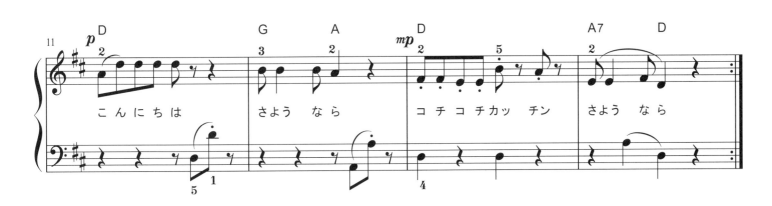

〈コラム２〉

4月から8月にはどんなことがある？

幼稚園・保育所・こども園などで行事が行われることの多い記念日は？

多くの幼稚園・保育所・こども園では以下の記念日に関する行事や活動が行われます。

時　期	記念日等	概　　要
4月初旬	入園式・始業式	
4月8日	花まつり	お釈迦様のお誕生を祝う日。（多くは仏教信仰の園）
4月29日	昭和の日	以前は「みどりの日」、現在は「昭和の日」と改められた。
5月4日	みどりの日	自然に親しむと共にその恩恵に感謝する日。
5月5日	端午の節句（こどもの日）	古来から端午の節句として、男子の健やかな成長を願う行事が行われていた。こいのぼりが大空を舞う日でもあった。現在ではこどもの人格を尊び、子どもの幸福を願う日である。子ども向けのイベントも多く開催される日。
5月第2日曜日	母の日	母への感謝を表す日。保育参観などの行事を実施することもある。
6月4日	虫歯予防デー	6（ム）月4（シ）日にちなんでその名がついた。歯と口の健康週間（6月4日～10日）の初日にあたり「はみがき教室」などが実施される。
6月10日	時の記念日	「時間をきちんと守ろう」という呼びかけから始まった日である。幼稚園・保育所・小学校などでは、時計の絵を描いたり標語を作ったりして、時間の規律を子どもたちに伝えることが行われる。
6月第3日曜日	父の日	父への感謝を表す日。保育参観などの行事を実施することもある。
7月7日	七夕	日本古来の祭りのひとつ。7月7日の夜、年にたった一晩だけ天の川の両側にある牽牛星（彦星）と織女星（織姫）が会える日であるといい、そこから願い事をかなえられる日、かなえたい日として、笹に願い事の短冊を飾る習慣が始まった。幼稚園・保育所・こども園などでは子どもたちが飾りを制作したり、お願いごとの短冊を書いたり、絵を描いたりなどして大きな笹に飾り付ける。
7月第3月曜日	海の日	1995（平成7）年に「国民の祝日に関する法律」が改正され、1996（平成8）年から祝日がスタートした。海の恩恵に感謝して、海洋国家の繁栄を祝う日。
8月11日	山の日	2014（平成26）年に制定され2016（平成28）年から祝日がスタートした。山に親しむ機会を持ち、山の恩恵に感謝する日。
8月13日～16日	盂蘭盆会（うらぼんえ）	ご先祖様が天国からこの世に戻ってくるといわれる日。多くの幼稚園・保育所・こども園などでは、7月中に「夕涼み会」「（み）たままつり」「盆踊り会」「夏祭り」などとしてこの「盂蘭盆会」と絡めて園の夏休み前の一大行事として企画することが多い。 ※東京地方では一般的に7月13日～16日

行事と保育内容表現

　たくさんの園での行事は、その行事ごとにうたを歌ったり合奏したり（音楽的表現活動）、造形的な制作をしたり（造形的表現活動）、おゆうぎを踊ったり（身体的表現活動）します。子どもたちが心と身体でそれらの行事を精一杯体感できるように、保育者は環境の設定を考えたり、自らも体得するように心がけ、適切な支援ができるように努めていくことが大切です。

（飯泉祐美子）

12. あめふりくまのこ

鶴見 正夫 作詞
湯山 昭 作曲
飯泉祐美子 編曲

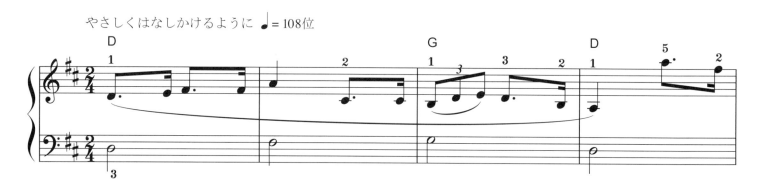
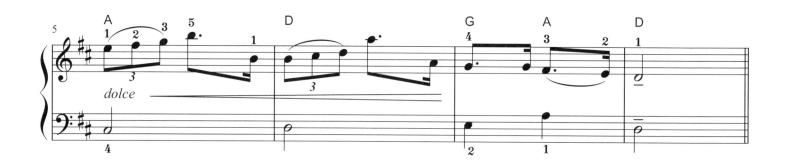

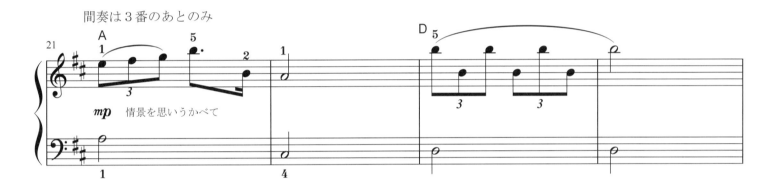
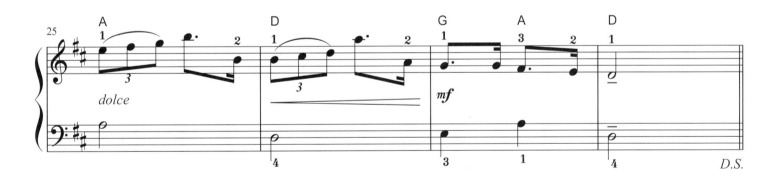
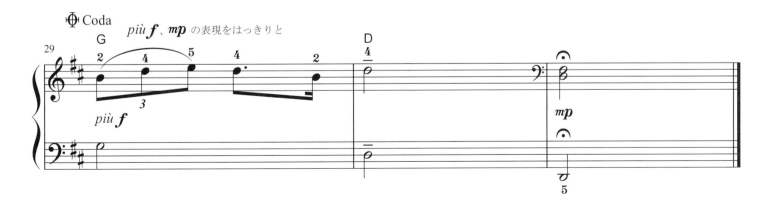

12. あめふりくまのこ

鶴見　正夫　作詞
湯山　昭　作曲
松井　晴美　編曲

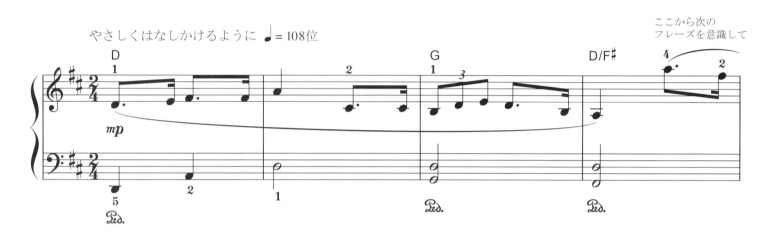
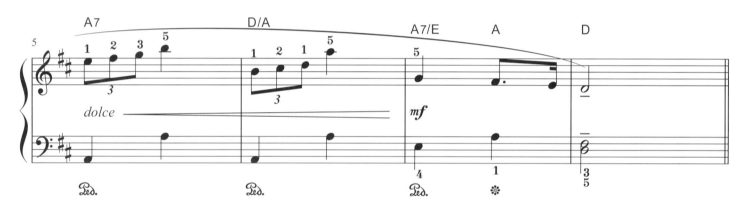

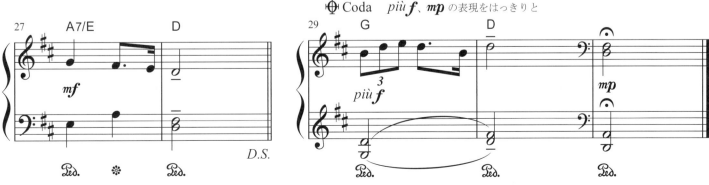

12. あめふりくまのこ

鶴見 正夫 作詞
湯山 昭 作曲
望月たけ美 編曲

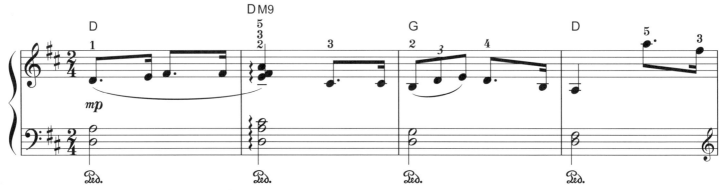

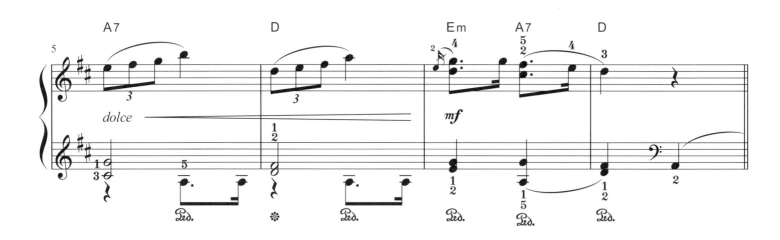

12. あめふりくまのこ

鶴見 正夫 作詞
湯山 昭 作曲

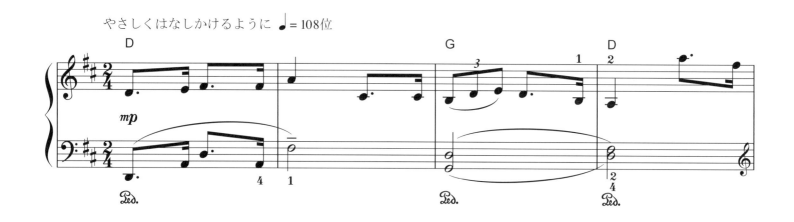

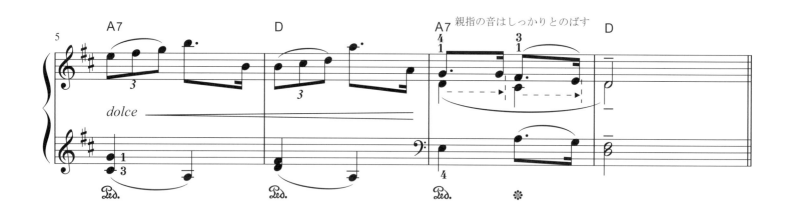

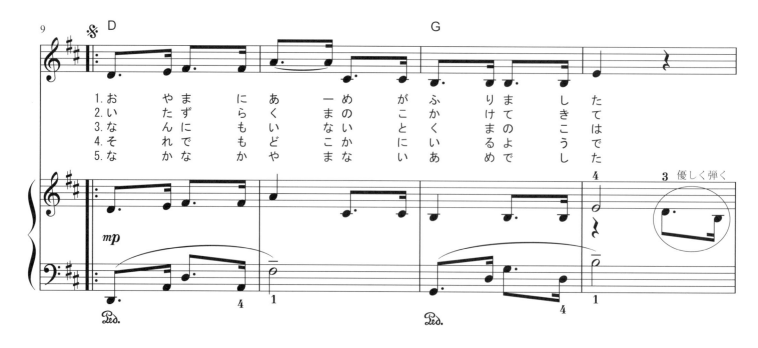

〈コラム3〉

ピアノによる弾き歌いの練習

保育者に必要な「保育技術」として、ピアノによる「弾き歌い」は必須のものです。

子どもたちにとって、みんなで声を合わせて歌うことは喜びであり、楽しい時間です。保育者自身が余裕をもって音楽を奏でたり楽しむことによって、子どもたちに音楽のよさを伝えることができます。

ここでは、余裕を持って音楽のよさを伝えられるピアノによる「弾き歌い」を目指して、入門者が本書のAやBを自学自習のスタイルで習得する方法を紹介します。

1. 拍子を確認する

拍子は、曲全体を通して主軸となるものです。新しい曲の練習を始めるときには、まず何分の何拍子かを確認し、その曲の数え方を考えます。数え方を理解することは、合いの手のタイミングにもつながります。

2. 調性を確認する

次に、黒鍵は使用するのか、使用する場合どこに位置するのかを、また、曲の感じが明るいのか暗いのかを確認します。その際、主要三和音（スリーコード）も確認できると、さらに雰囲気をつかむことができます。

3. 曲全体の構成を楽譜上で確認する

同じメロディーがどのくらい出現するのか、異なるメロディーはどのくらい出現するのかなどを確認します。これらを把握すると、どの部分をどのように弾けばよいのか、また、どのくらいの練習が必要なのかも必然的に見えます。

入門段階の学習では、同じメロディーを色分けしてみるのもひとつの方法です。曲の構成が一目でわかります。

4. メロディーパート（右手）のリズムと音名を確認する（ソルフェージュ）

まず、メロディーパートのリズムを確認してリズム打ちをします。この時、左手で拍を取り右手でリズムを打てれば、より曲のリズムを感じることができます。また、メロディーの音名を確認してリズムにのせて歌えれば、さらに曲の流れがつかめます。

5. 伴奏パート（左手）のリズムと音名を確認する（ソルフェージュ）

「2」と同様の手順で確認します。メロディーとの関係をイメージしながらできると、より一層効果が上がります。さらに、メロディーパートと伴奏パートの両手によるリズム打ちなどをしてみるのもよいでしょう。

6. メロディーパート（右手）の練習

「指づかい」について特に注意を払い、曲全体を通して弾こうとせず、フレーズ（メロディーや歌詞のまとまりのこと。多くは2小節や4小節）ごとに区切って練習をします。「2」を再認識し、「4」で確認したことを、実際に鍵盤で練習します。音名をうたいながら練習すると声を出すことに慣れて、弾き歌いの練習につながります。

7. 伴奏パート（左手）の練習

「6」と同様の方法で伴奏パート（左手）の練習を行います。メロディーが現れず曲がつかみにくい時には、メロディーパートの音名をうたいながら練習するのもひとつの方法です。

8. 両手の練習

「6」「7」と同様の手順で、フレーズごとに両手の練習をします。この練習の時もメロディーパートの音名をうたいながら練習できる人はぜひチャレンジしましょう。

※「6」「7」「8」の練習は、この手順でフレーズごとに進めていくと効果的です。短時間で、楽譜の音を鍵盤の音に変換する力がつきます。

9. 歌詞の確認とリズムの確認

楽譜の歌詞はひらがなで書かれているため、わかりにくいことがあります。その時は、漢字の混じった縦書きなどの詩を参考にします。特に「は」「へ」は読み方に注意します。歌詞のリズムも確認しましょう。

10. 弾き歌い練習

弾き歌いの練習をします。状況によってフレーズごとに区切りながら練習することは、これまでの練習と同じです。テンポや強弱などの表情を考える余裕ができるように繰り返し練習します。

11. 弾き歌い完成

（飯泉祐美子）

7 月

13. うみ

林　柳波　作詞
井上　武士　作曲
飯泉祐美子　編曲

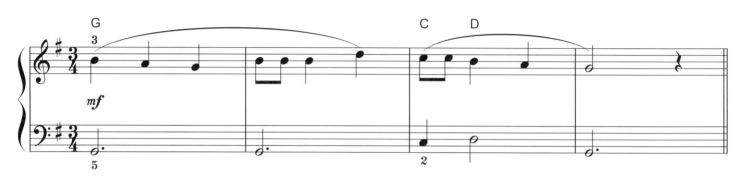
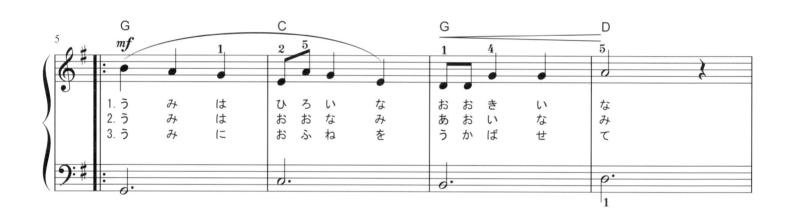

13. うみ

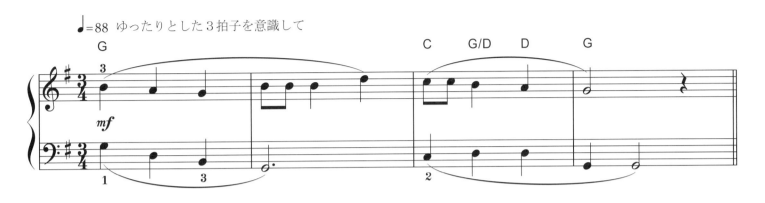
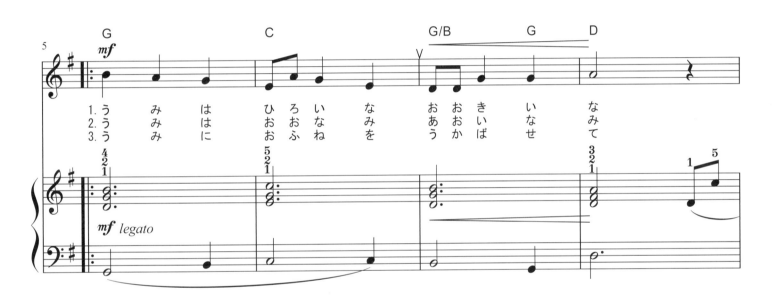
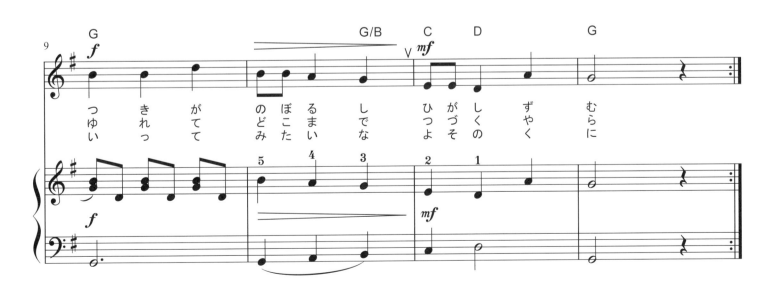

13. う み

林　柳波　作詞
井上　武士　作曲

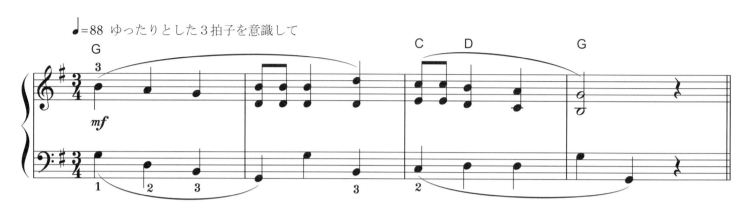
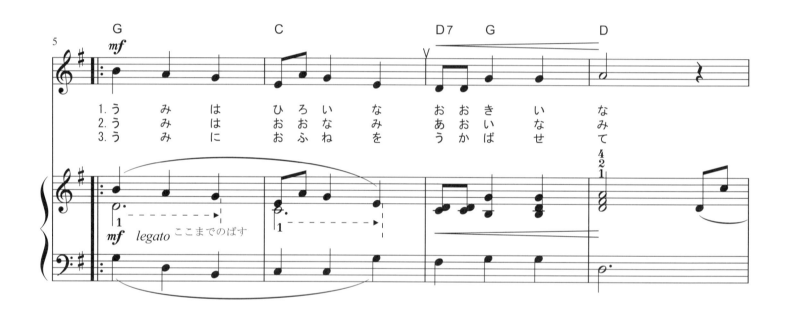
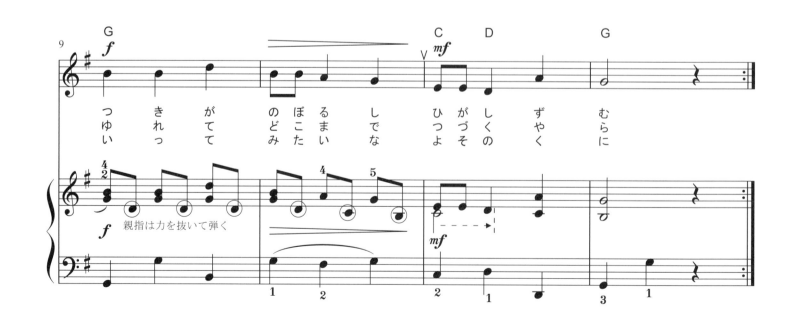

〈コラム4〉
音楽的な理論 ①　コード1

　和音を表す略記法のことをコードネーム（chord name）と言います。和音の構成音が一目でわかるように、アルファベット、数字、記号などで表します。例えば、Cなら「ドミソ」Gなら「ソシレ」のことです。コラムで4ページにわたって、基本的なコードネームについて説明します。

1. 音名

　音名を覚えましょう。皆さんがいつも使っている「ドレミ」は、イタリア音名です。コードネームは、英語音名を覚える必要があります。

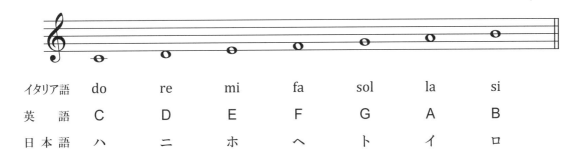

イタリア語	do	re	mi	fa	sol	la	si
英　　語	C	D	E	F	G	A	B
日本語	ハ	ニ	ホ	ヘ	ト	イ	ロ

2. 音程

　音程とは2音間の音の高さの隔たりのことで、「度」を使って表します。同じ音は1度、隣り合った音は2度と呼びます。

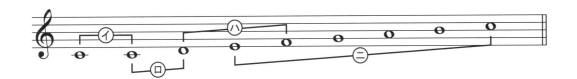

　イは同じ音なので1度、ロは隣り合った音なので2度です。ハは3度、ニは6度と数えます。

3. コード（三和音）

　三和音は、音階（ドレミファソラシド）の上に3度の音程間隔で積み重ねられています。1番下の音は「根音」、真ん中の音は、根音から3度上の音なので「第3音」、1番上の音は、根音から5度上の音なので「第5音」と呼びます。

　三和音には「長三和音」（メジャー）「短三和音」（マイナー）「増三和音」（オーギュメント）「減三和音」（ディミニッシュまたはマイナー・マイナスファイブ）の4種類があります。コードネームは、土台となる根音を大文字の英語音名で表し、その後にこの4種類のいずれかを表す小文字を付けます。

1番上の音符が第5音
真ん中の音符が第3音
1番下の音符が根音

長…長三和音
短…短三和音
減…減三和音

p. 74に続く

（石橋裕子）

14. おばけなんてないさ

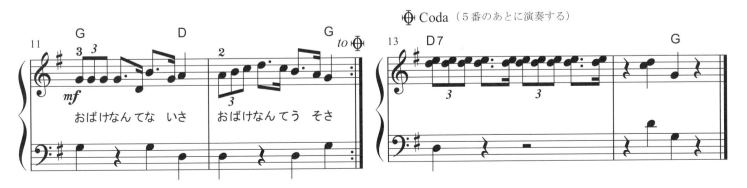

14. おばけなんてないさ

槇 みのり 作詞
峯 陽 作曲
望月たけ美 編曲

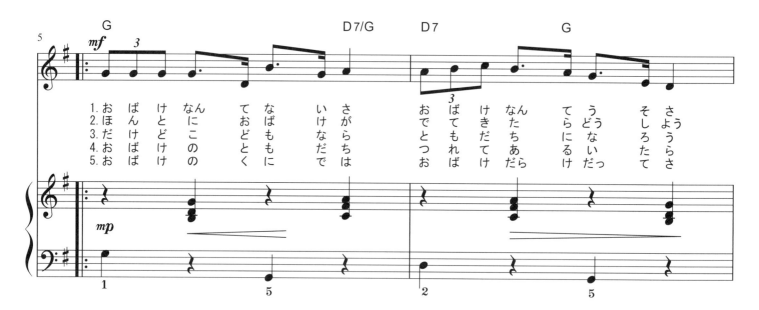

7〜8小節目のペダルは2拍ごとに踏みかえて

<コラム5>
音楽的な理論 ①　付点音符と3連符

　付点音符の「付点」とは音符の右に付いている小さな点のことです。この点は、「付点の左側の音符の半分の長さ」という意味があります。つまり、4分音符に付点が付いた「付点4分音符」の長さは
　　　4分音符＋8分音符（4分音符の半分の長さの音符）＝ 1拍半です。
　一方、音符の長さは2、4、16、32などの数字で表せることがほとんどですが、まれに表現できないことがあります。そのようなときに使うのが「連符」です。3連符、5連符、7連符などがありますが、子どもの歌の伴奏では3連符が多いです。
　3連符は連桁の上に数字が書いてあります。例えば、8分音符が3つ連なった音符は、4分音符1つと同じ長さです。つまり、1拍を均等に3分割して演奏します。これは、4分音符を2等分した8分音符よりは短く、4等分した音符よりは長くなります。

<引用・参考文献等> リガラボ　http://lab.rygasound.com/　（最終閲覧 2017.2.23）

（石橋裕子）

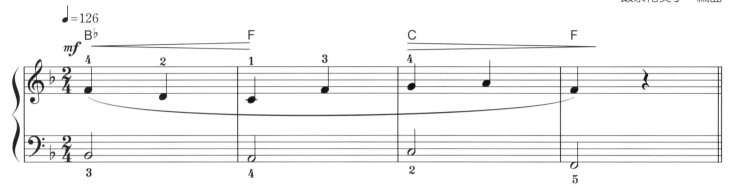
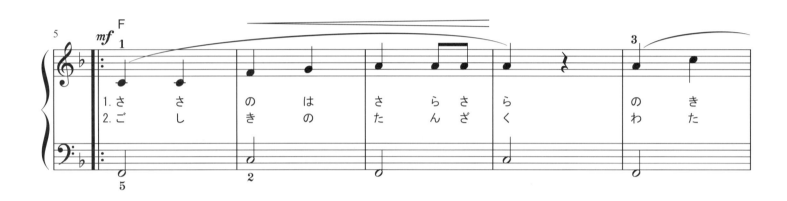
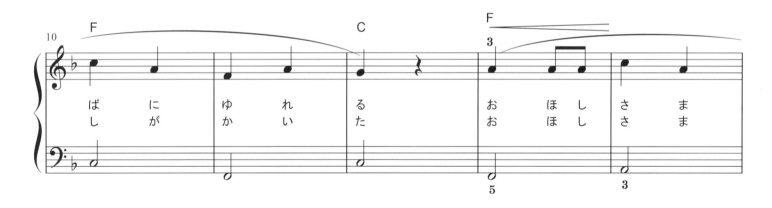
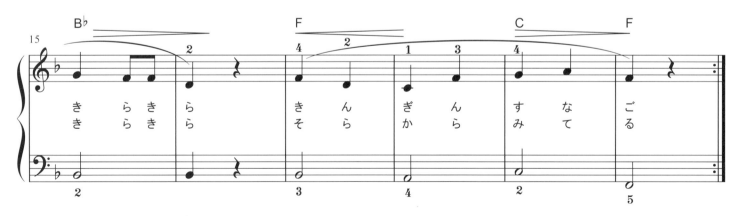

フレーズ（スラー）の最後の音をていねいに

15. たなばたさま

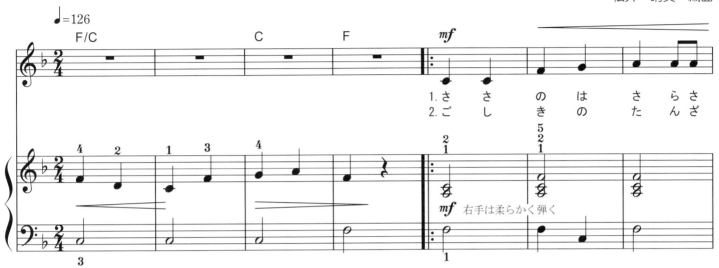

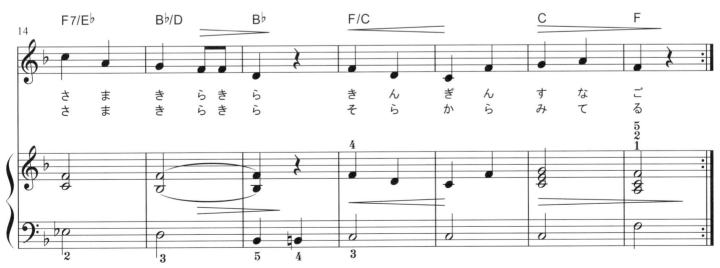

15. たなばたさま

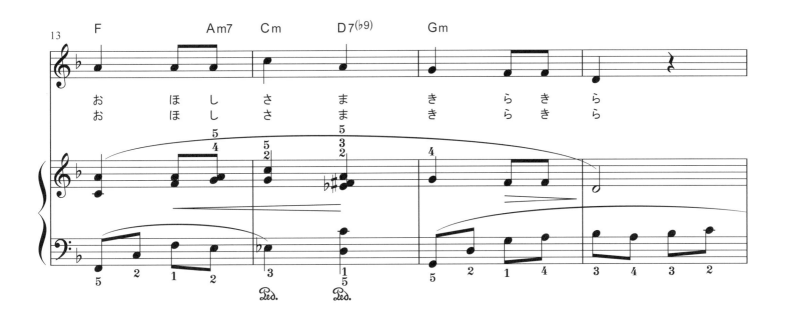
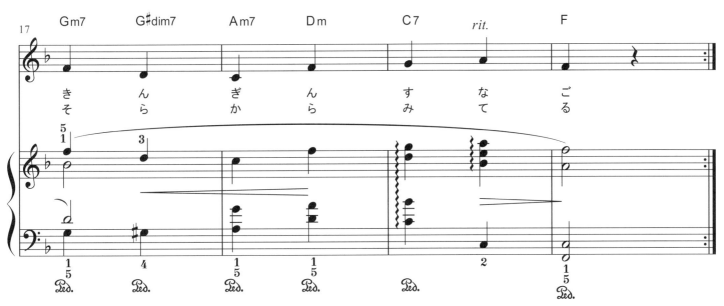

2番の後はリタルダンドで

16. おはながわらった

保富 庚午 作詞
湯山 昭 作曲
飯泉祐美子 編曲

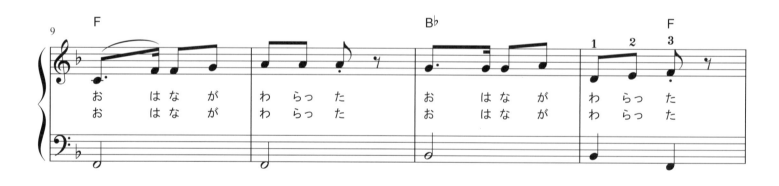

16. おはながわらった

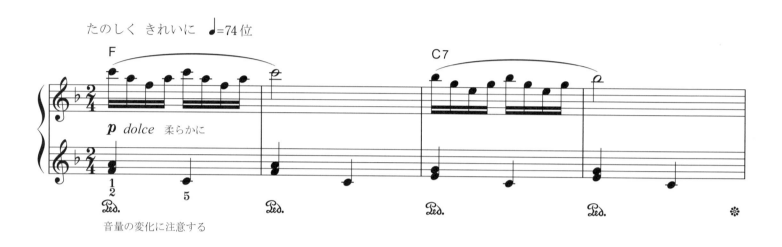
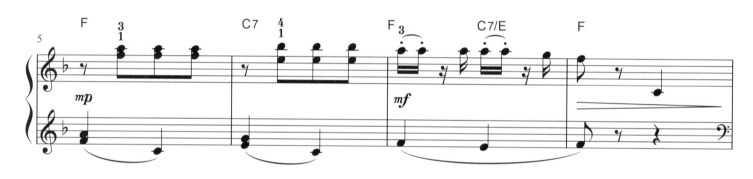

16. おはながわらった

保富 庚午 作詞
湯山 昭 作曲

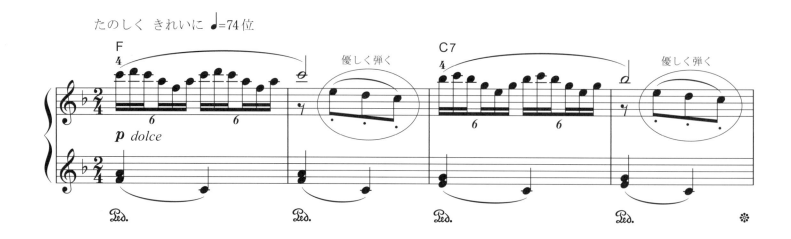
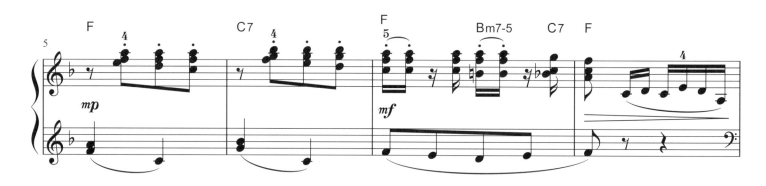
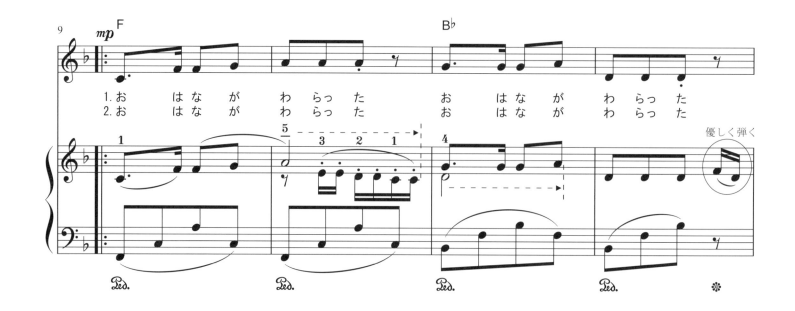

〈コラム6〉

音楽的な理論 ① コード2

4. コードネームの書き方

根音（ルートと言うこともあります）を示す「英語の大文字」と「和音の種類」の順に書きます。

	根音	和音の種類	コードネーム
（例1） C（ド）を根音とする 長三和音	シー C	メジャー M	シー・メジャー C または CM
（例2） Cを根音とする 短三和音	シー C	マイナー m	シー・マイナー Cm
（例3） Cを根音とする 増三和音	シー C	オーギュメント aug	シー・オーギュメント Caug
（例4） Cを根音とする 減三和音	シー C	マイナーマイナスファイブ または ディミニッシュ m-5 または dim	シー・マイナーマイナスファイブ または シー・ディミニッシュ Cm-5 または Cdim

5. 2度と3度

p.59の「2. 音程」にあるとおり、2音間の隔たりを音程と言います。コードネームの音程構造を理解するためには、長2度と短2度、長3度と短3度を知ることが必須です。

(1) 長2度と短2度

2音間に黒鍵を挟んでいない「ミ－ファ」「シ－ド」は短2度、その他は長2度です。長2度を「全音」短2度を「半音」とも言います。

(2) 長3度と短3度

2音間に半音（短2度）が含まれるものが短3度、含まれないものは長3度です。

① 長3度：2音間に半音（短2度）が含まれていない

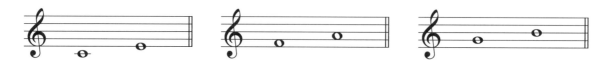

② 短3度：2音間に半音（短2度）が含まれている

p.90 に続く

（石橋裕子）

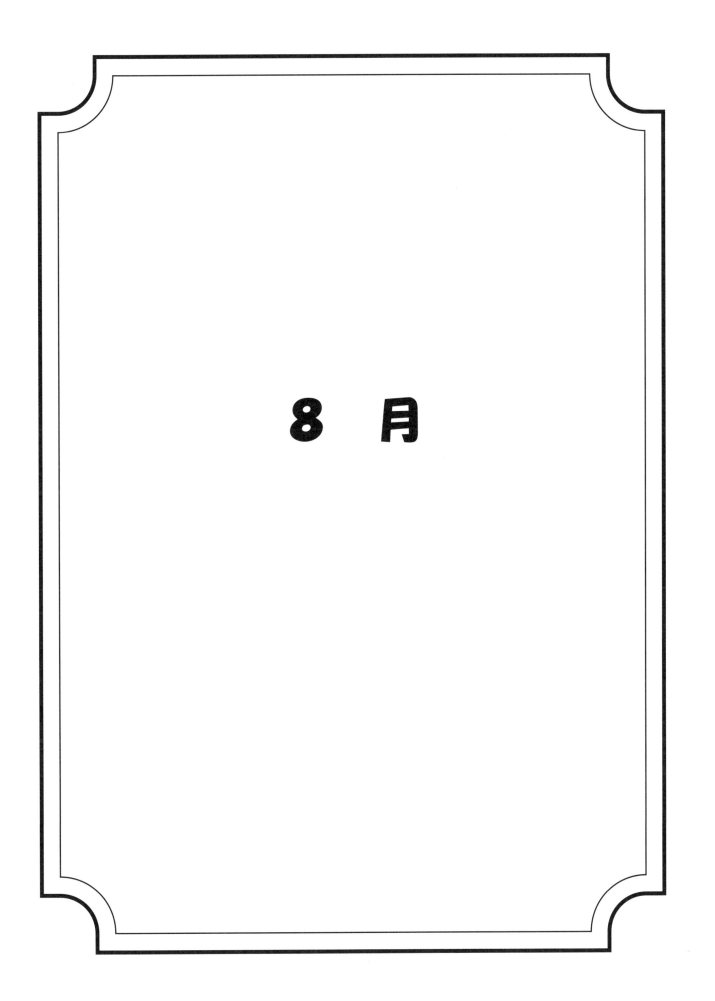

8 月

17. アイアイ

相田 裕美 作詞
宇野誠一郎 作曲

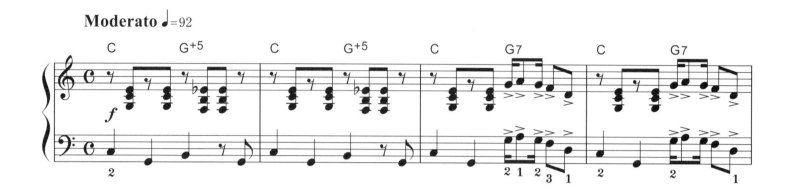

ソロと斉唱でかけあうと楽しくなります

18. おもちゃのチャチャチャ

野坂 昭如 作詞
吉岡 治 補詞
越部 信義 作曲
飯泉祐美子 編曲

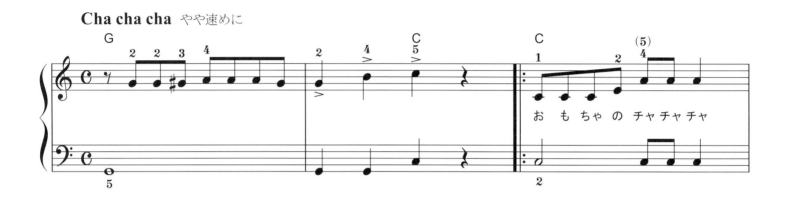

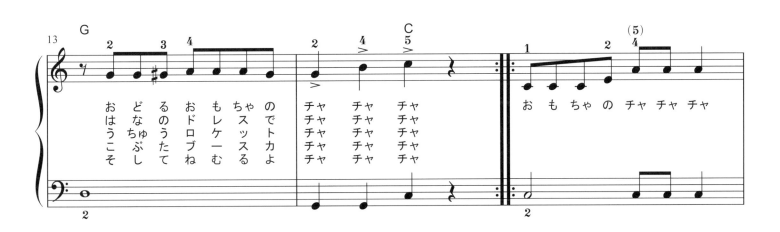

チャチャチャ・・・はぎれよく歌いましょう

18. おもちゃのチャチャチャ

野坂　昭如　作詞
吉岡　治　補詞
越部　信義　作曲
望月たけ美　編曲

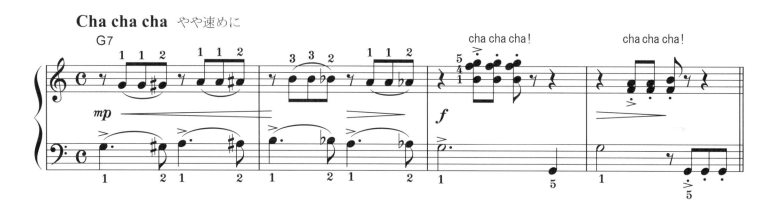

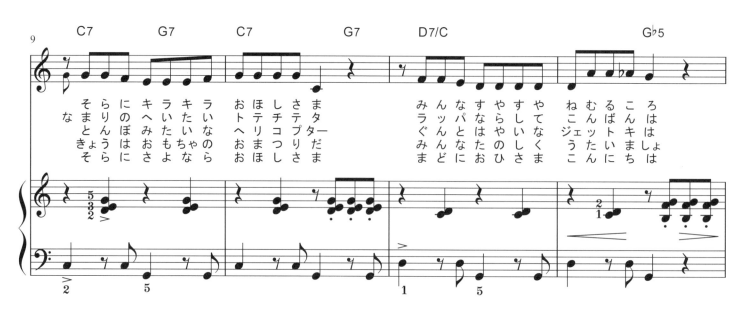

チャチャチャ・・・はぎれよく歌いましょう

19. とんでったバナナ

片岡　輝　作詞
櫻井　順　作曲
飯泉祐美子　編曲

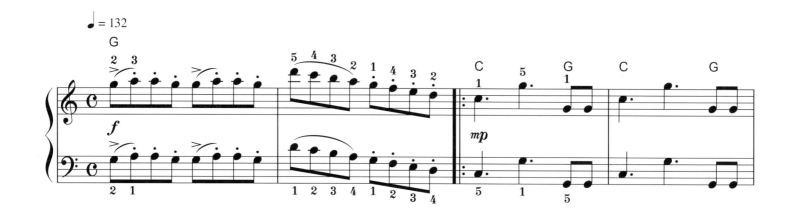

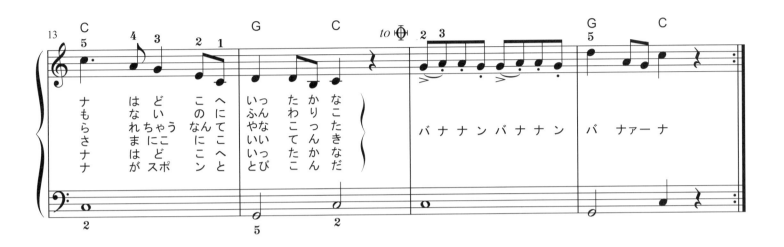

19. とんでったバナナ

片岡　輝　作詞
櫻井　順　作曲
須田三枝子　編曲

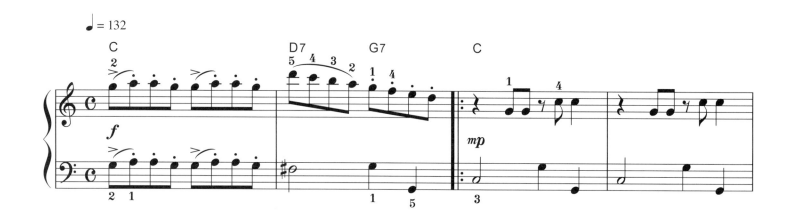

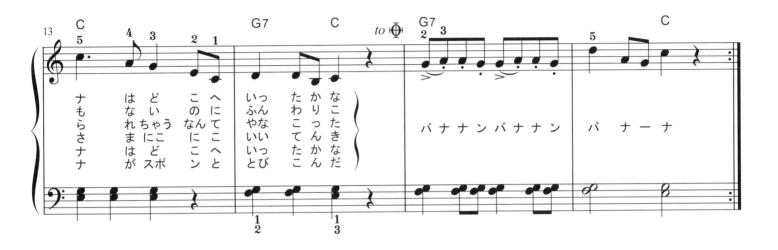

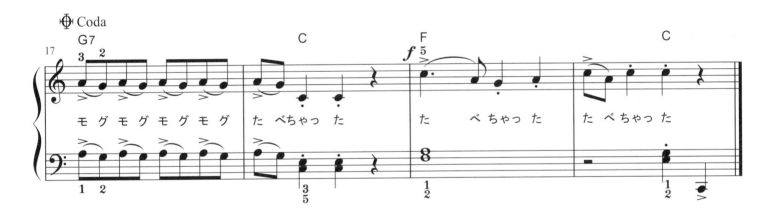

19. とんでったバナナ

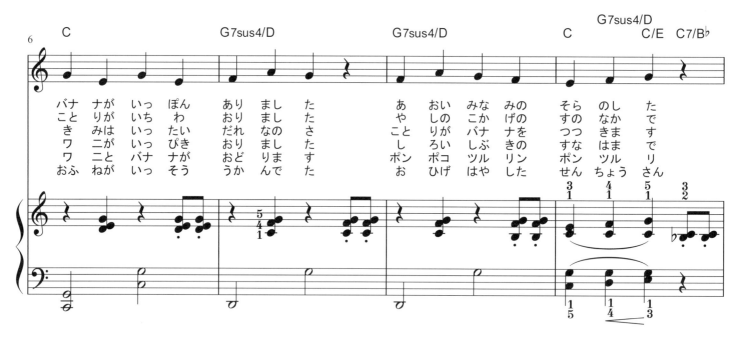

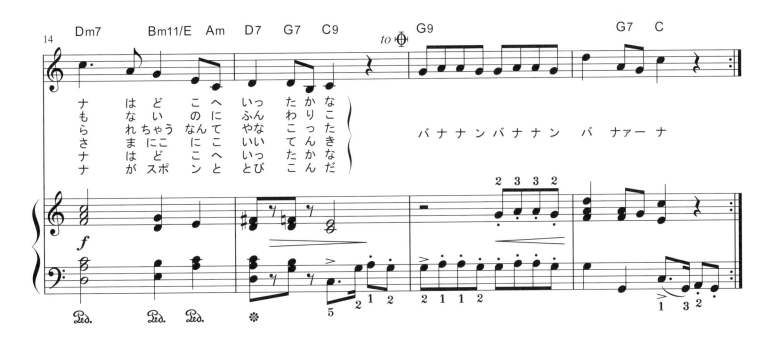
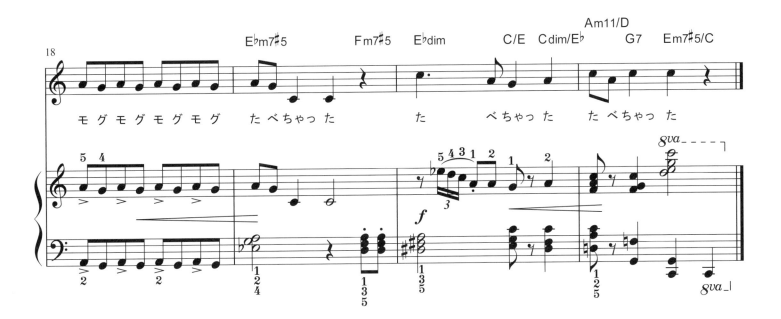

〈コラム7〉

音楽的な理論 ① コード3

6. 三和音のコードネーム

(1) 長三和音（メジャーコード）

根音－第3音が長3度、第3音－第5音が短3度の組み合わせです。Cを根音とした長三和音は下のように書き、シーまたはシー・メジャーと読みます。

(2) 短三和音（マイナーコード）

根音－第3音が短3度、第3音－第5音が長3度の組み合わせです。Dを根音とした短三和音は下のように書き、ディー・マイナーと読みます。

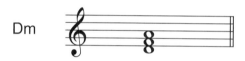

(3) 増三和音（オーギュメント）

根音－第3音、第3音－第5音ともに長3度の組み合わせです。Gを根音とした増三和音は下のように書き、ジー・オーギュメントと読みます。

(4) 減三和音

根音－第3音、第3音－第5音ともに短3度の組み合わせです。Bを根音とした減三和音は下のように書き、ビー・マイナーマイナスファイブまたはビー・ディミニッシュと読みます。

7. 属七の和音

七の和音（セブンスコード）のひとつです。根音から数えて7つ上の音、つまり、三和音の上に第7音を重ねた和音という意味で数字の7を書き、曲の終わりに多く使われます。

Cを根音とした属七は下のように書き、シー・セブンと読みます。

p.120 に続く

（石橋裕子）

動物の歌

1. ぞうさん

まど・みちお 作詞
團 伊玖磨 作曲
石橋 裕子 編曲

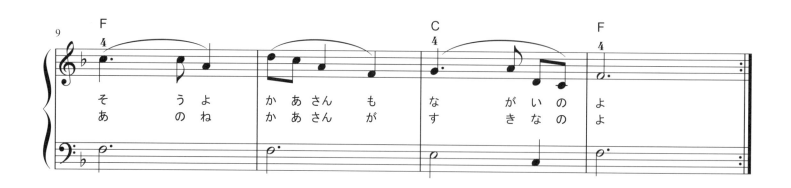

「おはなが長いのね。」と言われた子象が「大好きな母さんも長いのよ。」と誇りを持って答えます。

1. ぞうさん

まど・みちお 作詞
團 伊玖磨 作曲
小池すみれ 編曲

C

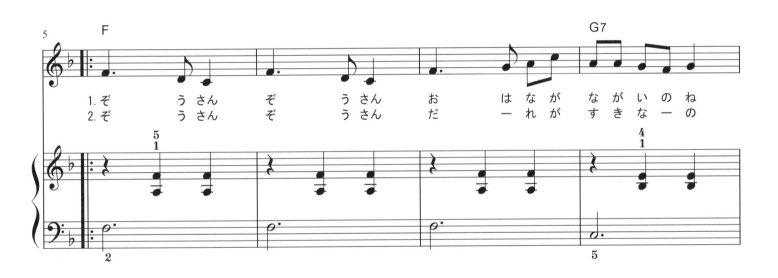

1. ぞうさん ぞうさん おはながながいのね
2. ぞうさん ぞうさん だーれがすきなーの

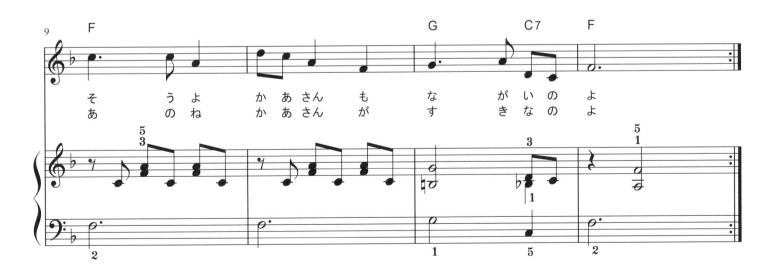

そうよ かあさんも ながいのよ
あのね かあさんが すきなのよ

「おはなが長いのね。」と言われた子象が「大好きな母さんも長いのよ。」と誇りを持って答えます。

1. ぞうさん

まど・みちお 作詞
團 伊玖磨 作曲
望月たけ美 編曲

♩=92 やさしく語りかけるように

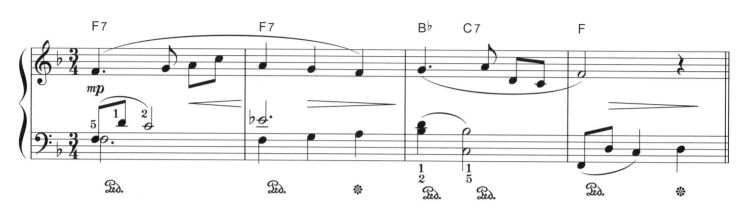

「おはなが長いのね。」と言われた子象が「大好きな母さんも長いのよ。」と誇りを持って答えます。

2. ありさんのおはなし

都築 益世 作詞
渡辺 茂 作曲
石橋 裕子 編曲

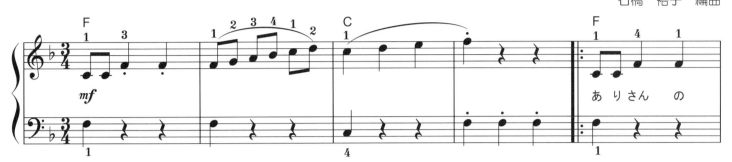
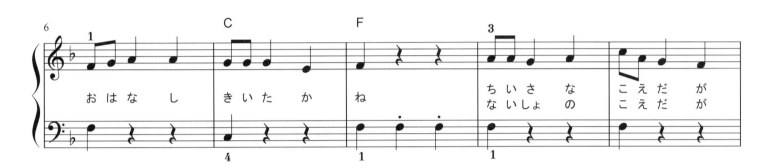

上向き棒は1番、下向き棒は2番

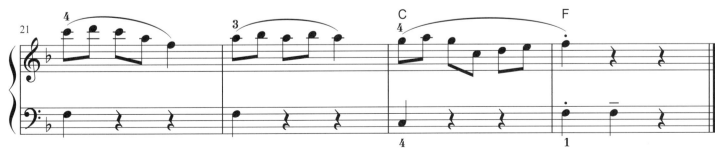

2. ありさんのおはなし

都築 益世 作詞
渡辺 茂 作曲
小池すみれ 編曲

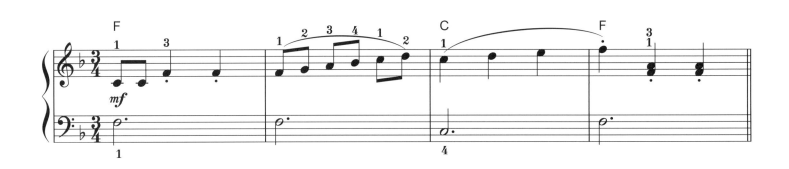

1.2. ありさん の おはなし きいた か ね

1拍目は強く、2,3拍目は弱く
軽く切って弾く

♪の音を短く弾く
ファの音を拍の頭に
合わせて弾く
かわいらしく

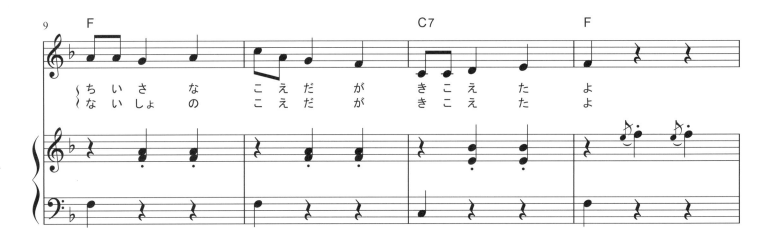

ちいさな の こえだ が が きこえた よ
ないしょ の こえだ が が きこえた よ

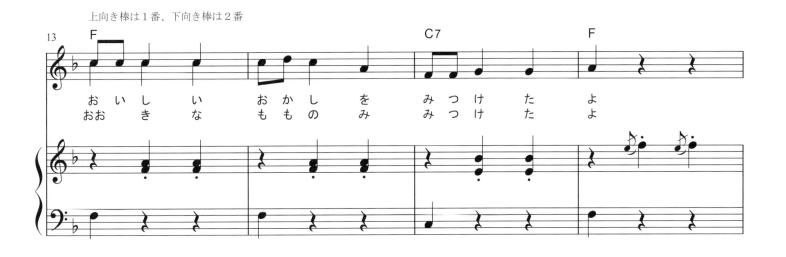
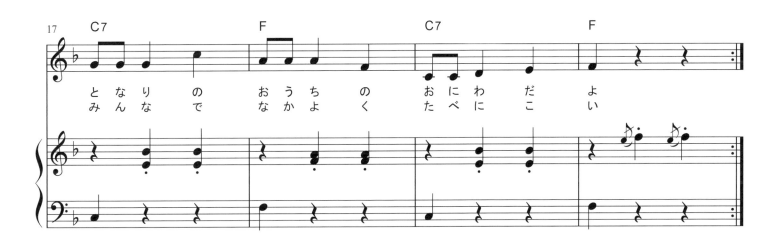

2. ありさんのおはなし

都築 益世 作詞
渡辺 茂 作曲

E

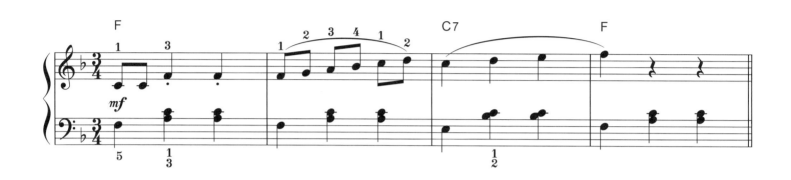

3拍目が重くならない

♪の音を短く弾く
ファの音を拍の頭に
合わせて弾く
かわいらしく

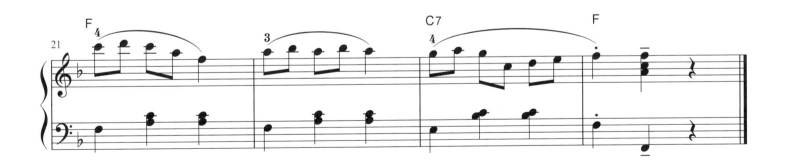

3. 山のワルツ

香山 美子 作詞
湯山 昭 作曲
石橋 裕子 編曲

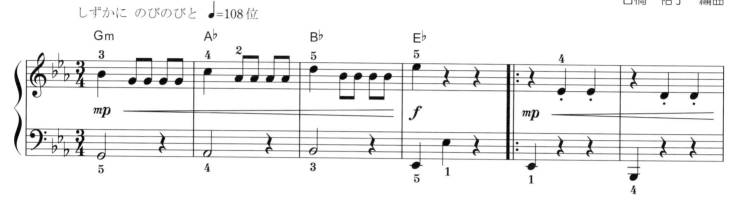

3. 山のワルツ

香山 美子 作詞
湯山 昭 作曲
岡部 絵実 編曲

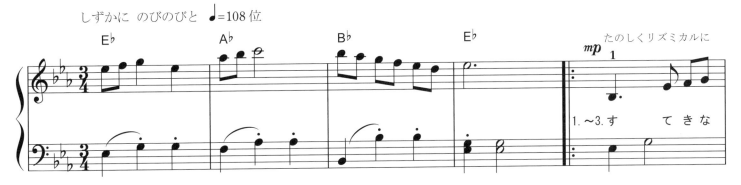
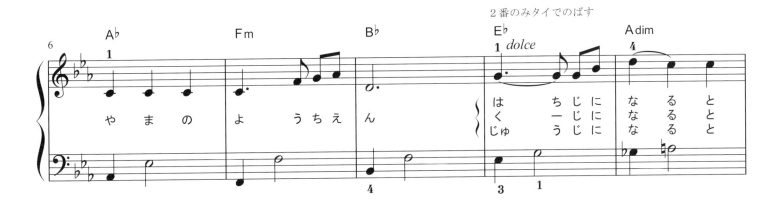
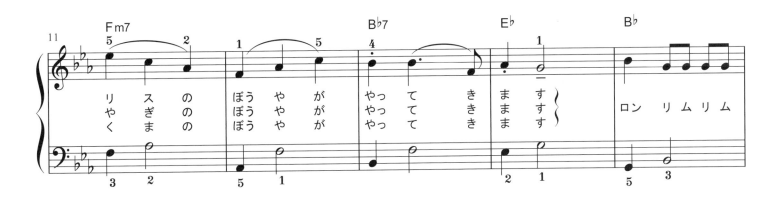
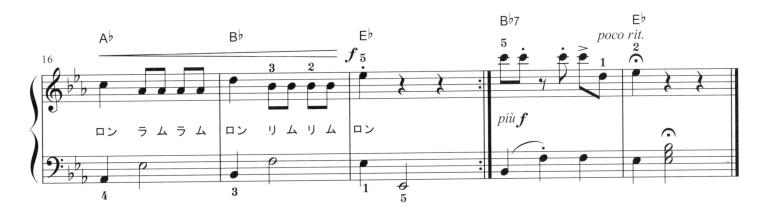

3. 山のワルツ

香山 美子 作詞
湯山 昭 作曲

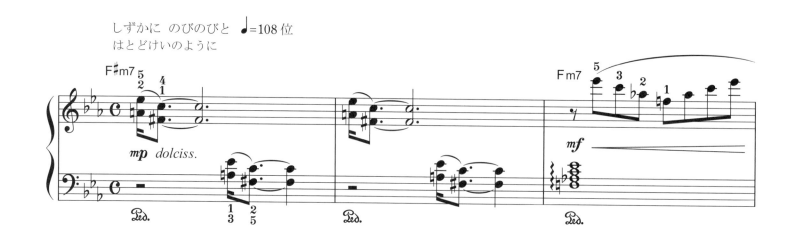

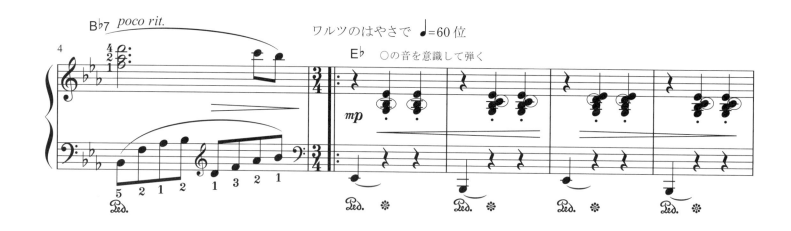

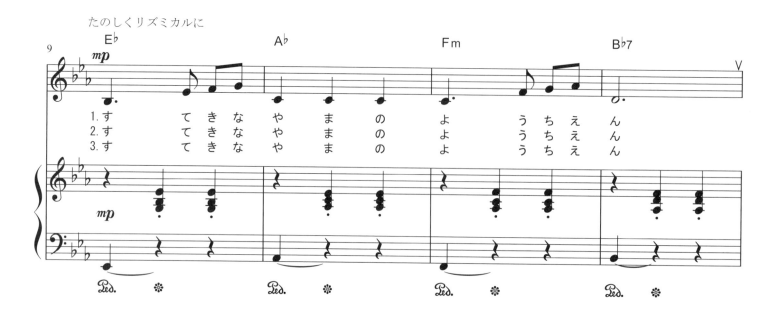

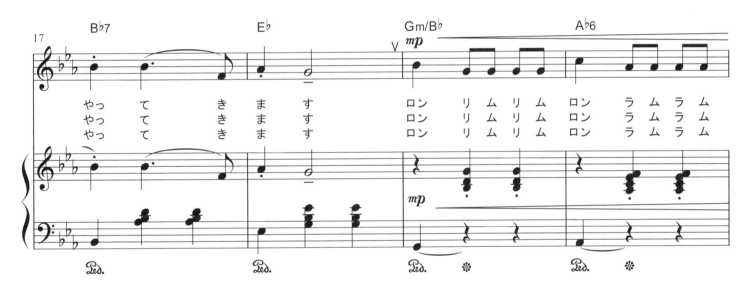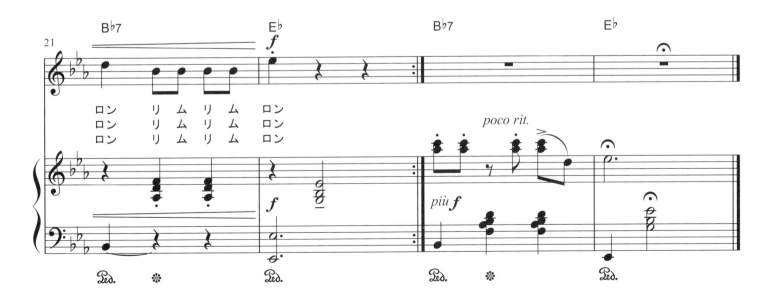

4. 森のくまさん

馬場 祥弘 訳詞
アメリカ民謡
飯泉祐美子 編曲

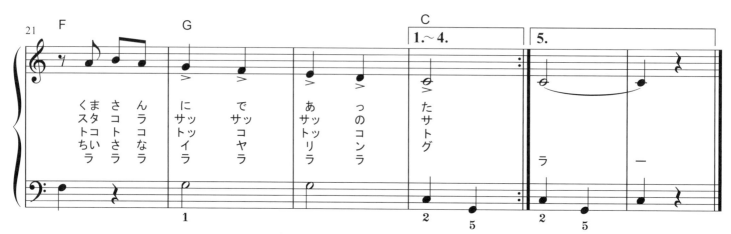

（　）の音符は追いかけてうたう時に使います

4. 森のくまさん

馬場 祥弘 訳詞
アメリカ民謡
岡部 絵実 編曲

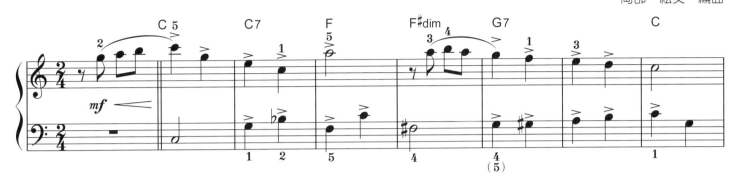

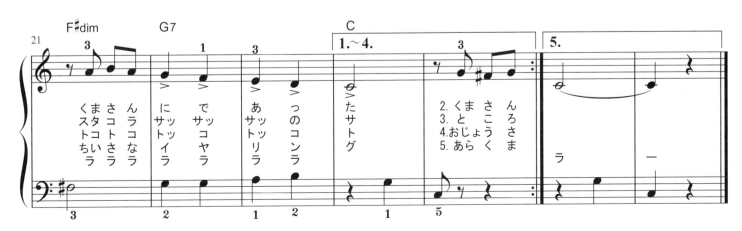

（ ）の音符は追いかけてうたう時に使います

4. 森のくまさん

馬場 祥弘 訳詞
アメリカ民謡
角田 玲奈 編曲

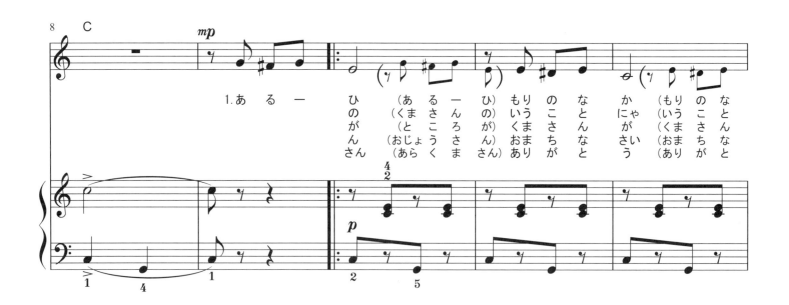

（ ）の音符は追いかけてうたう時に使います

4. 森のくまさん

馬場 祥弘 訳詞
アメリカ民謡

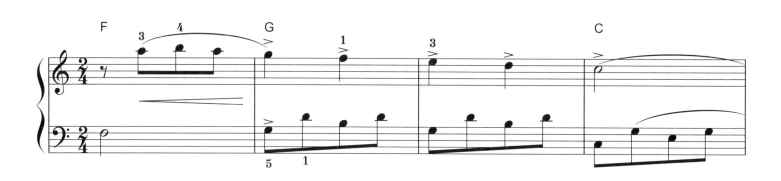

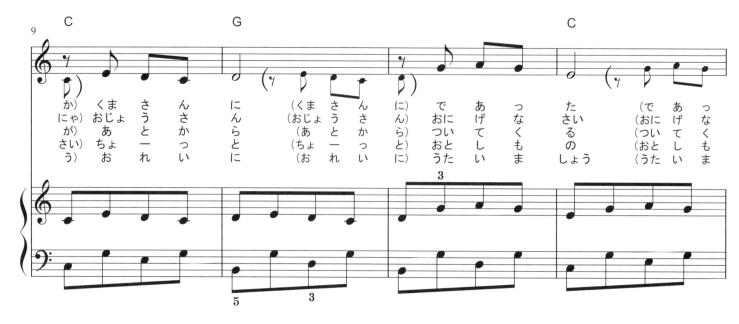

（　）の音符は追いかけてうたう時に使います

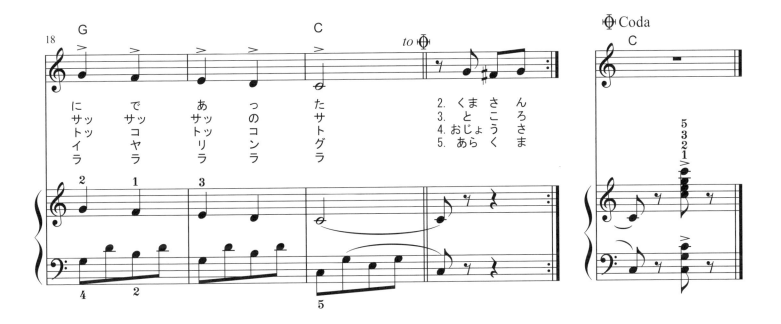

5. 犬のおまわりさん

佐藤　義美　作詞
大中　恩　作曲
角田　玲奈　編曲

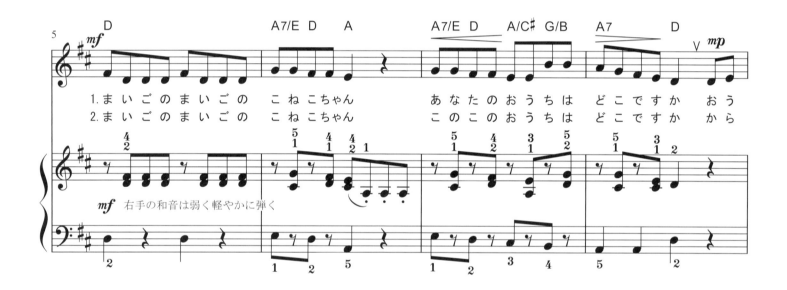

1. まいごの まいごの こねこちゃん　あなたの おうちは どこですか　おう
2. まいごの まいごの こねこちゃん　このこの おうちは どこですか　から

ち　を きい ても わから ない　なまえ を きい ても わから ない
す　に きい ても わから ない　すずめ に きい ても わから ない

5. 犬のおまわりさん

佐藤 義美 作詞
大中 恩 作曲
望月たけ美 編曲

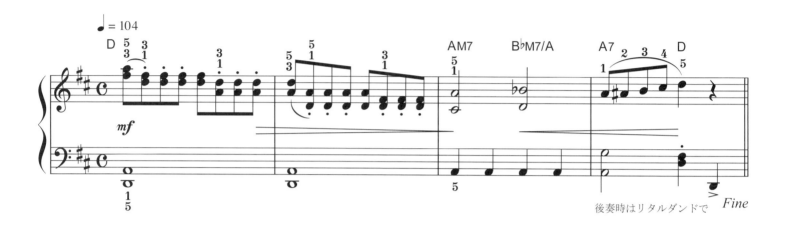

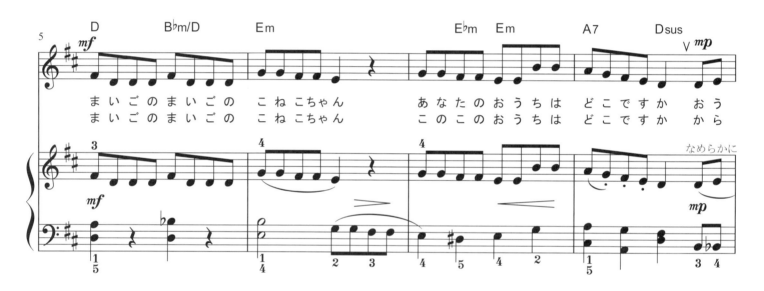

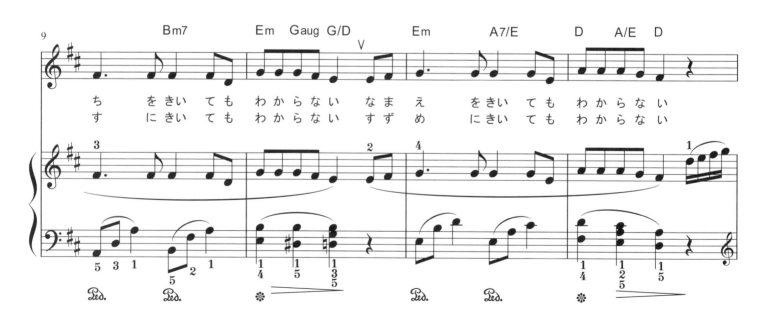

6. おつかいありさん

関根　栄一　作詞
團　伊玖磨　作曲
飯泉祐美子　編曲

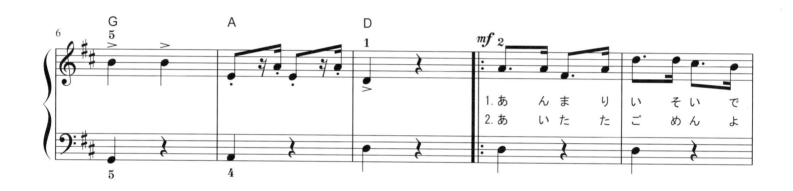

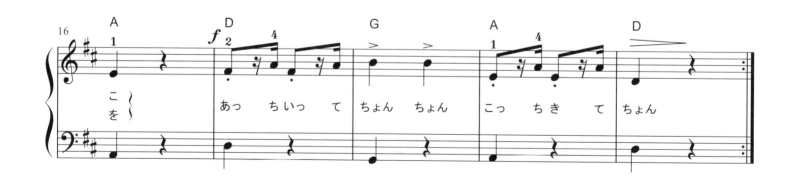

6. おつかいありさん

関根　栄一　作詞
團　伊玖磨　作曲
須田三枝子　編曲

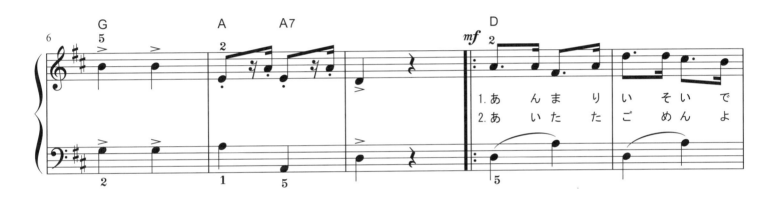
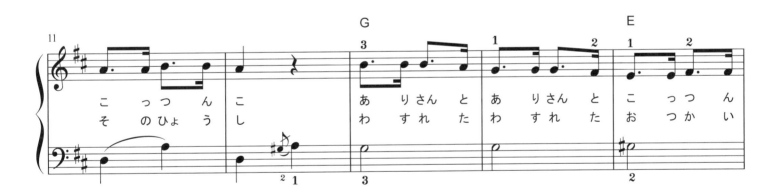
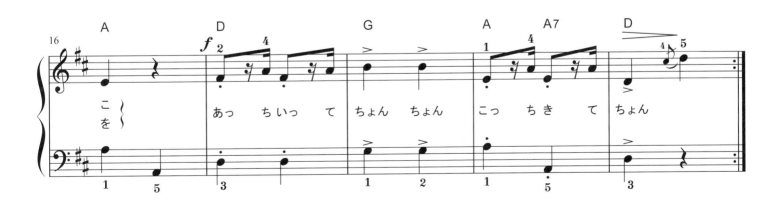

〈コラム8〉

音楽的な理論 ①　コード4

8. コードのつなげ方

　例えばC－G－Cを弾く場合、C「ド－ミ－ソ」の次は、G「ソ－シ－レ」よりも「シ－レ－ソ」と弾く方が、左手の移動は格段に少なくなります。このように、コードを演奏する場合には、なるべく近い位置になるようにつなげます。

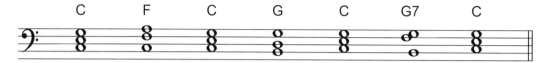

〈引用・参考文献等〉
1. ～4.「新保育者・小学校教員のためのわかりやすい音楽表現入門」石橋裕子他　北大路書房、
　　「YAMAHA MUSIC PAL 学校音楽教育支援サイト」http://jp.yamaha.com/（最終閲覧 2017.2.23）
5. ～8.「SENZOKU ONLINE SCOOL OF MUSIC」http://www.senzoku-online.jp/index.html（最終閲覧 2017.2.23）

9. オンコード

　通常、コードは、根音を英語で表していますが、「8. コードのつなげ方」のとおり、つなげる場合にはなるべく近い場所に移動するため、1番下（以下「低音」）が根音以外の音になる場合も少なくありません。そこで、低音が根音以外の場合には「C/G」や「C on G」のように表します。

10. 主な調のカデンツ

　子どもの歌は、ハ長調、ト長調、ヘ長調の曲が多いです。以下は、ト長調、ヘ長調のコードをつなげた楽譜ですので、参考にして練習しましょう。ハ長調は「8. コードのつなげ方」を参考にしましょう。

（1）ト長調

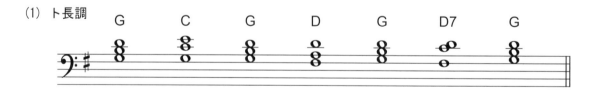

（2）ヘ長調

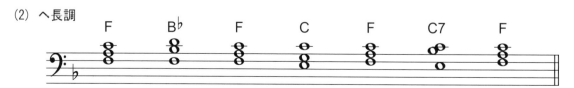

（石橋裕子）

自分で伴奏を付けてみよう

1. ちょうちょう

2. かえるのがっしょう

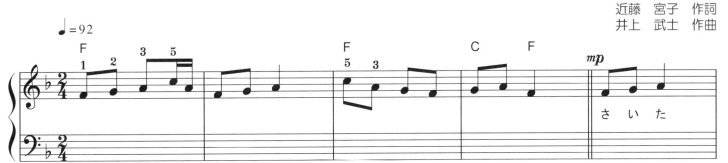

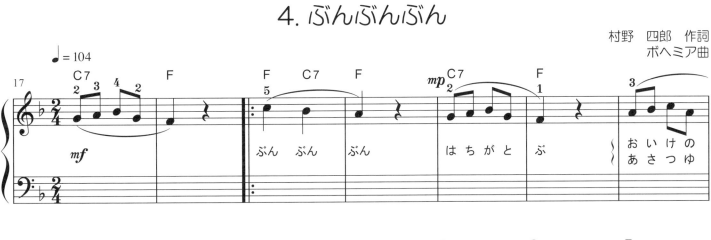
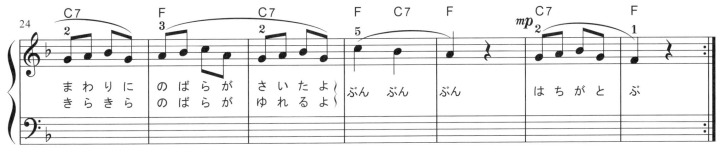

執筆者・選曲・編曲者一覧

飯泉祐美子	帝京科学大学教授	秀明大学非常勤講師
石橋　裕子	帝京科学大学教授	環太平洋大学非常勤講師
望月たけ美	常葉大学准教授	
須田三枝子	元帝京科学大学非常勤講師	太田高等看護学院非常勤講師
小池すみれ	元帝京科学大学非常勤講師	淑徳大学非常勤講師
松井　晴美	元帝京科学大学非常勤講師	国士舘大学非常勤講師
角田　玲奈	元帝京科学大学非常勤講師	有明教育芸術短期大学非常勤講師
岡部　絵実	元帝京科学大学非常勤講師	

いろいろな伴奏形によるこどものうた 85　1学期編
～やさしい伴奏から素敵な伴奏まで～
2017年4月10日初版発行
2021年10月1日第3版発行
編著者　飯泉祐美子・石橋裕子 ©2021
発行者　豊田治男
発行所　株式会社共同音楽出版社
　　　　〒171-0051　東京都豊島区長崎3-19-1
　　　　電話03-5926-4011
印刷製本　株式会社平河工業社
充分注意しておりますが、乱丁・落丁は本社にてお取替えいたします。

日本音楽著作権協会（出）許諾第1703481-103号

皆様へのお願い

　楽譜や歌詞・音楽書などの出版物を著作権者に無断で複製（コピー）することは、著作権の侵害（私的利用など特別な場合を除く）にあたり著作権法により罰せられます。
　また、出版物からの不法なコピーが行われますと出版社は正常な出版活動が困難となり、ついには皆様方が必要とされるものも出版できなくなります。
　音楽出版社と日本音楽著作権協会（JASRAC）は著作権の権利を守り、なおいっそう優れた作品の出版普及に全力をあげて努力してまいります。
どうか不法コピーの防止に、皆様方のご協力をお願い申し上げます。
　　　　　　　　　　　　　　株式会社共同音楽出版社
　　　　　　　　　　　　　　一般社団法人日本音楽著作権協会